# Pflegethema:
# Notfall auf Station

# Pflegethema: Notfall auf Station

Eugen Preuß
Roland Wegscheider
Michael Baubin

Geleitwort von Gunnar Kroesen und Karl Lindner

Mit zahlreichen Abbildungen

1998
Georg Thieme Verlag Stuttgart · New York

Dr. Eugen Preuß
Andreas-Hofer-Str. 4/28
A-6020 Innsbruck

Dr. Michael Baubin
Karl-Innerebner-Str. 45A, A-6020 Innsbruck

Dr. Roland Wegscheider
Anton-Auer-Str. 7B, A-6410 Telfs

Rechtsteile:
Dr. H. Schwamberger (Österreich)
Dr. H.-D. Lippert (Deutschland)
Prof. Dr. M. Kuhn (Schweiz)

Die Deutsche Bibliothek – CIP Einheitsaufnahme

**Preuß, Eugen:**
Pflegethema: Notfall auf Station / Eugen Preuß ; Michael Baubin ;
Roland Wegscheider. – Stuttgart : Thieme, 1998

Zeichnungen:
Gerhard Winder



Satz: Dr. Eugen Preuß, A-6020 Innsbruck
Druck: Gulde Druck, D-72072 Tübingen

ISBN 3-13-113921-8 1 2 3 4 5 6

**Wichtiger Hinweis:**
Wie jede Wissenschaft ist die Medizin ständigen Entwicklungen unterworfen. Forschung und klinische Erfahrung erweitern unsere Erkenntnisse, insbesondere was die Behandlung und medikamentöse Therapie anbelangt. Soweit in diesem Werk eine Dosierung oder eine Applikation erwähnt wird, darf der Leser zwar darauf vertrauen, daß Autoren, Herausgeber und Verlag große Sorgfalt darauf verwandt haben, daß diese Angabe **dem Wissensstand bei Fertigstellung des Werkes** entspricht.

Für Angaben über Dosierungsanweisungen und Applikationsformen kann vom Verlag jedoch keine Gewähr übernommen werden. **Jeder Benutzer ist angehalten**, durch sorgfältige Prüfung der Beipackzettel der verwendeten Präparate und gegebenenfalls nach Konsultation eines Spezialisten festzustellen, ob die dort gegebene Empfehlung für Dosierungen oder die Beachtung von Kontraindikationen gegenüber der Angabe in diesem Buch abweicht. Eine solche Prüfung ist besonders wichtig bei selten verwendeten Präparaten oder solchen, die neu auf den Markt gebracht worden sind. **Jede Dosierung oder Applikation erfolgt auf eigene Gefahr des Benutzers**. Autoren und Verlag appellieren an jeden Benutzer, ihm etwa auffallende Ungenauigkeiten dem Verlag mitzuteilen.

# Geleitwort

Vom Moment des Eintretens eines Notfalles an läuft die Zeit gegen den Patienten. Daher wurde von Ahnefeld das Bild der Rettungskette geprägt, welches besagt, daß eine Kette immer so stark ist, so stark das schwächste Glied ist. Insbesondere der Ersthelfer, sei er auf der Straße, in der Wohnung, am Berg aber auch im Krankenhaus spielt eine zentrale Rolle. Das Erkennen der Notfallsituation, die Abgabe des Notrufes und ganz besonders die Maßnahmen des Ersthelfers haben wesentlichen Anteil auf die Überlebenschance des vital bedrohten Patienten. All diese Maßnahmen müssen intensiv gelernt, in die Praxis umgesetzt und regelmäßig theoretisch wie praktisch geübt werden.
Besondere Voraussetzungen erfordern Ersthelfermaßnahmen in einer Krankenanstalt, dem Spital, der Klinik. Die Rettungskette beginnt hier bei der Schwester, dem Pfleger, der Schülerin, dem sonstigen Klinikbediensteten. Dieser Personenkreis verdient eine Sonderausbildung und regelmäßige Nachschulung, die krankenhausinterne Verhältnisse und auch den speziellen Notfallpatienten einbeziehen.

Das ist das Ziel dieses Notfallkompendiums. Der Inhalt baut auf dem Lehrstoff auf, den das Pflegepersonal bei der Grundausbildung bis zum Diplom erfährt. Die Autoren schließen die neuesten Richtlinien des European Resuscitation Council, die Utstein Kriterien für den innerklinischen Notfall und internationale Standards in den Text ein und geben Anregungen zu sinnvoller Improvisation am Notfallort anhand von ausgesuchten, praxisnahen Fallbeispielen.

Innsbruck, Juni 1998

Univ.-Prof. Dr. Gunnar Kroesen
Vorstand der Gemeinsamen Klinikeinrichtung Notfall- und Katastrophenmedizin an der Universitätsklinik Innsbruck

Univ.-Pof. Dr. Karl Lindner
Vorstand der Universtitätsklinik für Anästhesie und Allgemeinen Intensivmedizin

# Vorwort

Die Ausbildung des Pflegepersonals in den Grundlagen der Ersten Hilfe und der erweiterten Ersten Hilfe (inkl. der Arztassistenz) wird in vielen Pflegeschulen stiefmütterlich behandelt. Meist werden selbstgestrickte Skripten verwendet, eine größere regionale Einheitlichkeit ist häufig ebensowenig gegeben wie die Berücksichtigung internationaler Richtlinien.

Auf der anderen Seite soll das Pflegepersonal sowohl im Krankenhaus als auch im Privatleben optimale Erste Hilfe leisten können, dem (Not-)Arzt ohne Zeitverlust zielgerecht und korrekt zur Hand gehen, also genauso gut ausgebildet sein, wie es seit Jahren das Notfall- und Rettungspersonal ist.
Aus diesem Grund, und motiviert durch eine eigene Umfrage in zahlreichen deutschsprachigen Pflegeschulen, haben wir uns zum Schreiben des vorliegenden Buches »Notfall auf Station« entschlossen.

Das Buch ist bewußt kurz und in Stichworten gefaßt; es soll und kann kein ausführliches Nachschlagewerk ersetzen. Ein besonderer Schwerpunkt ist auf das Vermitteln der praktischen Hilfsmaßnahmen gelegt.

Insbesonders orientieren sich die Maßnahmen der Herz-Lungen-Wiederbelebung an den neuesten Richtlinien des European Resuscitation Council vom April 1998. Wir hoffen, den Schwestern und Pflegern in ihrer Ausbildung ein gutes Lernmanuskript und den Lehrern eine Basis zur Ausbildung zur Seite stellen zu können.

Für die Mitarbeit und Unterstützung danken wir folgenden Personen recht herzlich:
Univ.-Prof. Dr. G. Kroesen und Prof. Dr. Leo Bossaert für das Korrekturlesen des gesamten Manuskriptes,
Frau OA Dr. G. Luz für das Korrekturlesen des Kinderteiles,
Frau M. Hieber für die Unterstützung und Frau D. Kleemann für die Umsetzung des Werkes beim Thieme Verlag und vor allem auch für die entgegengebrachte Geduld.
Frau P. Wägenbaur für das exakte Korrekturlesen und für die vielen Anregungen.
Allen weiteren Personen, die in irgendeiner Weise an diesem Buch mitgearbeitet oder Vorschläge eingebracht haben und zuletzt unseren Familien für die vielen, vielen Stunden!!

Innsbruck, im Sommer 1998
Dr. Eugen Preuß, Dr. Roland Wegscheider, Dr. Michael Baubin

# Inhaltsverzeichnis

## Teil I: Der Notfall


| | | |
|---|---|---|
| **1** | **Der Notfallablauf** | 3 |
| 1.1 | Graphische Darstellung des Notfallablaufes | 3 |
| 1.1.1 | Die Schwerpunkte des Notfallablaufes | 3 |
| 1.1.2 | Der ausführliche Notfallablauf | 4 |
| 1.2 | Der Notfallablauf im Detail | 6 |
| 1.2.1 | Erkennen der Notfallsituation | 6 |
| 1.2.2 | Abschätzen des Gefahrenbereiches | 6 |
| 1.2.3 | Die Bergung/Rettung | 7 |
| 1.2.4 | Bergemethoden | 8 |
| 1.2.5 | Maßnahmen des Erst- und Zweit-Helfers | 13 |
| 1.2.6 | Arztassistenz | 16 |
| **2** | **Die Patientenbeurteilung und die Hilfsmaßnahmen** | 17 |
| 2.1 | Graphische Darstellung der Patientenbeurteilung | 17 |
| 2.1.1 | Die Hauptpunkte der Patientenbeurteilung | 17 |
| 2.1.2 | Die Patientenbeurteilung | 18 |
| 2.1.3 | Die Hilfsmaßnahmen | 19 |
| 2.2 | Die Patientenbeurteilung im Detail | 22 |
| 2.2.1 | Prüfen von Bewußtsein, Atmung und Kreislauf | 24 |
| 2.2.2 | Maßnahmen für Einzelsituationen | 28 |
| 2.2.3 | Lagerungstypen | 32 |
| 2.2.4 | Beatmungstypen | 39 |
| 2.2.5 | Der Umgang mit Trachealkanülenträgern | 45 |
| 2.2.6 | Die Herzdruckmassage | 46 |
| **3** | **Arztassistenz** | 49 |
| 3.1 | Die Arztassistenz im weiteren Sinn | 49 |
| 3.2 | Die eigentliche Arztassistenz | 50 |
| 3.2.1 | Der präkordiale Faustschlag | 50 |
| 3.2.2 | Die endotracheale Intubation | 50 |
| 3.2.3 | Der i. v.-Zugang | 54 |
| 3.2.4 | Der Umgang mit Notfallmedikamenten | 57 |
| 3.2.5 | Die konventionelle Defibrillation | 59 |
| 3.2.6 | Die Defibrillation mit halbautomatischen Defibrillatoren | 61 |

## Teil II: Der Notfall beim Kind


| | | |
|---|---|---|
| **1** | **Der Notfallablauf beim Kind** | 65 |
| 1.1 | Der Notfallablauf im Detail | 67 |
| 1.1.1 | Die Bergung/Rettung | 67 |
| 1.1.2 | Die Seitenlagerung des Kindes | 67 |
| 1.1.3 | Der Zeitpunkt des Notrufes | 68 |
| **2** | **Die Beurteilung des Kindes** | 69 |
| 2.1 | Grafische Darstellung der Beurteilung des Kindes | 69 |
| 2.1.1 | Die Schwerpunkte der Beurteilung des Kindes | 69 |
| 2.1.2 | Die Beurteilung des Kindes | 70 |
| 2.1.3 | Die Sofortmaßnahmen | 71 |
| 2.2 | Die Beurteilung des Kindes im Detail | 73 |
| 2.2.1 | Prüfen von Bewußtsein, Atmung, Kreislauf | 73 |
| 2.2.2 | Die Herzdruckmassage beim Kind | 79 |
| 2.3 | Basisreanimation des Neugeborenen direkt nach der Geburt | 81 |
| 2.4 | Maßnahmen für Einzelsituationen bei Kleinkindern | 82 |
| 2.4.1 | Notfalldiagnose Bewußtlosigkeit ... | 82 |
| 2.4.2 | Notfalldiagnose Atemstillstand | 83 |
| 2.4.3 | Notfalldiagnose Kreislaufstillstand | 84 |
| **3** | **Erweiterte Reanimationsmaßnahmen** | 85 |


## Teil III: Das Notfallzubehör


| | | |
|---|---|---|
| **1** | **Notfallgeräte** | 89 |
| 1.1 | Die Handhabung und Überprüfung der Notfallgeräte | 89 |
| 1.1.1 | Beatmungsbeutel | 90 |
| 1.1.2 | Absauggerät | 91 |
| 1.1.3 | EKG-Monitor | 92 |
| 1.1.4 | Defibrillator | 93 |
| 1.1.5 | Beatmungsgerät | 95 |
| 1.1.6 | Pulsoxymeter | 97 |
| **2** | **Notfallausstattung** | 99 |
| 2.1 | Kontrolle der Notfallausstattung | 99 |
| 2.2 | Basisausstattung für Notfälle auf einer Allgemeinstation für Erwachsene | 100 |

| | | |
|---|---|---|
| 2.2.1 | Geräte | 100 |
| 2.2.2 | Medikamente | 101 |
| 2.2.3 | Infusionen (je 1 x) | 101 |
| 2.3 | Notfall-Set für die Kinderstation | 102 |
| 2.3.1 | Beatmung | 102 |
| 2.3.2 | Infusion | 103 |
| 2.3.3 | Diverses Material | 103 |
| 2.3.4 | Medikamente | 104 |
| 2.3.5 | Weitere wichtige Notfallmedikamente | 105 |
| **3** | **Aufstellung der Notfallmedikamente und Infusionen** | 106 |
| 3.1 | Kurzverzeichnis der Medikamente | 106 |
| 3.2 | Kurzverzeichnis der Infusionen | 107 |
| 3.3 | Medikamente und Infusionen im Detail | 107 |

## Teil IV: Klinische Leitsymptome und Notfälle

| | | |
|---|---|---|
| **1** | **Wichtige Klinische Leisymptome** | 119 |
| 1.1 | Vegetative Symptome | 119 |
| 1.1.1 | Symptome des Sympathikus | 119 |
| 1.1.2 | Symptome des Parasympathikus | 120 |
| 1.2 | Schmerz | 121 |
| 1.3 | Schwindel | 122 |
| 1.3.1 | Schwindel durch Störung des Gleichgewichtsorganes | 122 |
| 1.3.2 | Schwindel durch Beeinträchtigung bestimmter Hirnareale | 122 |
| 1.4 | Bewußtseinsänderung | 123 |
| 1.5 | Stridor | 123 |
| 1.6 | Husten | 124 |
| 1.7 | Dyspnoe | 125 |
| 1.8 | Atmungstypen | 125 |
| **2.** | **Ursachen für klinische Notfälle** | 127 |
| 2.1 | Ursachen für Bewußtseinsänderungen | 127 |
| 2.2 | Ursachen für Atembehinderungen | 128 |
| 2.3 | Ursachen für einen Atemstillstand | 128 |
| 2.4 | Ursachen für einen primären Kreislaufstillstand | 129 |

**3 Klinische Notfälle im Erwachsenenalter 131**
3.1 Schock 131
3.1.1 Pathophysiologie des Schocks 131
3.1.2 Schockzeichen 132
3.1.3 Schockindex 132
3.1.4 Diverse Schockformen und die erforderlichen Hilfestellungen 133
3.2 Kardiale Notfälle 135
3.3 Asthma bronchiale 136
3.4 Lungenembolie 136
3.5 Neurologische Notfälle 137
3.5.1 Transistorisch ischämische Attacke (TIA), apoplektischer Insult 137
3.5.2 Epileptischer Anfall 138
3.6 Stoffwechselbedingte Notfälle 139
3.6.1 Hyperglykämie 139
3.6.2 Hypoglykämie 140

**4. Klinische Notfälle im Kindesalter 142**
4.1 Apparent Life Theating Event (ALTE) 142
4.2 Sudden Infant Death Syndrome (SIDS) 143
4.3 Krämpfe 144
4.3.1 Neugeborenenkrämpfe 144
4.3.2 Krämpfe im Kindesalter 145
4.4 Fremdkörperaspiration 146
4.5 Infektionskrankheiten 147
4.5.1 Pseudokrupp (subglottische Laryngitis) 147
4.5.2 Epiglottitis 147
4.6 Asthma bronchiale 148
4.7 Verbrennung, Verbrühung 149
4.8 Vergiftungen 150

## Teil V: Recht, Ethik und Evaluierung in der Notfallmedizin

**1 Rechtsprechung 155**
1.1 Rechtsprechung in Österreich 155
1.1.1 Zivilrecht 155
1.1.2 Strafrecht 156
1.1.3 Berufsrecht 158

1.1.4 Weitere Pflichten 159
1.2 Rechtslage in Deutschland 160
1.2.1 Zivilrechtliche Haftung 160
1.2.2 Strafrechtliche Verantwortlichkeit 164
1.3 Rechtsmeinung in der Schweiz 166
1.3.1 Allgemeine Beistandspflicht 166
1.3.2 Vermögensrechtliche (privat- bzw. öffentlich-rechtliche) Verantwortlichkeit 168
1.3.3 Strafrechtliche Verantwortlichkeit 174

**2 Ethik in der Notfallmedizin** 178

**3 Utstein-Kriterien für Krankenstationen** 180
3.1 Variablen der Utstein-Kriterien 180
3.2 Formblatt 182

**Teil VI: Wissensüberprüfung**

**1 Fallbeispiele** 187
1.1 Günther H. 188
1.2 Frau K. 190
1.3 Benjamin 192
1.4 Herr L. 193
1.5 Hubert S. 195
1.6 Der Pfleger G. 197
1.7 Anton 199
1.8 Wolfgang K. 201

**2 Lösung zu den Fallbeispielen** 203
2.1 Günther H. 203
2.2 Frau K. 204
2.3 Benjamin 205
2.4 Herr L. 206
2.5 Hubert S. 207
2.6 Der Pfleger G. 208
2.7 Anton 209
2.8 Wolfgang K. 210

**Glossar** 213

**Literaturverzeichnis** 220

**Sachregister** 221

# Der Notfall

*1 Der Notfallablauf* ........ *3*

*2 Die Patientenbeurteilung und die Hilfsmaßnahmen* ........ *17*

*3 Die Arztassistenz* ........ *49*

# 1 Der Notfallablauf

Die Bewältigung eines jeden Notfalles beginnt primär mit dessen Wahrnehmung, der Abschätzung des Gefahrenbereiches und der Sicherung von Notfallpatient und Helfer. Erst danach steht die Patientenbeurteilung mit den sich daraus ergebenden Maßnahmen. In diesem Kapitel werden jene Maßnahmen aufgezeigt, die bis zu Beginn der Patientenbeurteilung zu treffen sind.

## 1.1 Graphische Darstellung des Notfallablaufes

Für ein besseres Verständnis finden Sie zu Anfang eine schematische Darstellung des Ablaufs einer Notfallsituation. Geringe Abweichungen können sich bei jedem Notfall ergeben, jedoch sollten Sie sich möglichst an vorgegebene und schon bewährte Ablaufschemata halten. Zusätzliche stationsspezifische Abläufe können Sie auf den entsprechenden Ergänzungsseiten einfügen.

### 1.1.1 Die Schwerpunkte des Notfallablaufes

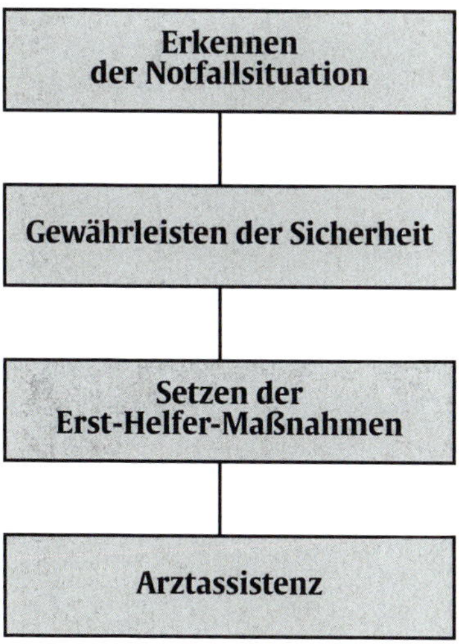

## 1.1.2 Der ausführliche Notfallablauf

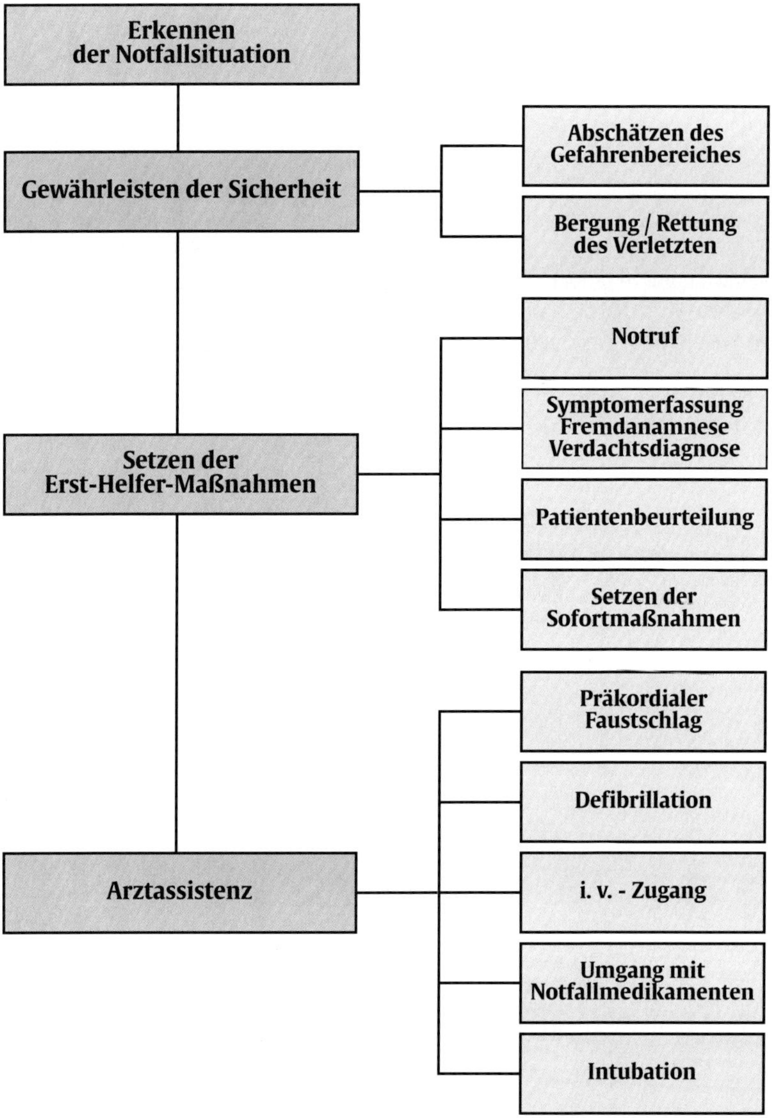

## 1.2 Der Notfallablauf im Detail

Der Ablauf des Notfallmanagements erscheint meist sehr einfach und logisch. Geht es aber darum, einen Ablauf zu beschreiben, werden oft einzelne Punkte vergessen. Aus diesem Grund beginnt dieses Kapitel mit einer kurzen Auffrischung möglicher Notfallsituationen und Gefahrenbereiche.

### 1.2.1 Erkennen der Notfallsituation

Das Erkennen einer Notfallsituation kann auf verschiedene Weise geschehen:

- Auffinden einer reglosen Person
  Bett, Bad, WC, Gang, Halle, etc.
- Hilferuf oder ausgelöster Alarm
  Patient, fremde Person, mittels Patientenglocke, etc.
- Notfallereignisse
  *unvorhersehbar:* akuter Brustschmerz, Myokardinfarkt (MCI), zerebraler Insult
  *erkrankungsbedingt:* Bewußtseinsveränderung, Stoffwechselentgleisung, Asthmaanfall, Epilepsie, u.a.
  *behandlungsbedingt (=iatrogen):* Allergie, Blutung, Schock

### 1.2.2 Abschätzen des Gefahrenbereiches

Gefahrenbereiche werden besonders im Klinik- und Krankenhausbereich immer wieder unterschätzt. Der Helfer muß sich unbedingt ein Bild von der Lage machen, bevor er versucht, die Bergung bzw. Rettung des Patienten oder Verunfallten durchzuführen. Die wichtigste Frage, die sich stellt, lautet:

**Warum liegt dieser Mensch dort?**

Mögliche Antworten:

- Kontakt mit einem defekten Stromkabel
- Suizidversuch in der Badewanne mit einem Elektrogerät
- Hantieren mit fettigen Händen an Sauerstoffflaschen (Explosion)
- Feuer mit Rauchgasentwicklung
- Intoxikation (Medikamente, Chemikalien, etc.)

## 1.2.3 Die Bergung / Rettung

Ziel der Bergung/Rettung ist die Entfernung aus einer Gefahrenzone und/oder das Verbessern der Platzverhältnisse.

> **!** Selbstschutz ist bei allen Handlungen oberstes Gebot! Dazu zählt auch das Tragen von Handschuhen zum Schutz vor Infektionen (HIV, Hepatitis,etc.)

▸ Rettung aus einer Gefahrenzone

Feuchtraum (Defibrillation), Feuer, Gas (Chlor, Propan)

> **!** Ein nasser Boden oder eine explosive Umgebung können im Falle einer Defibrillation für alle Helfer eine Gefahr darstellen.

▸ Verbesserung der Platzverhältnisse

- Bergung aus WC, Dusche, Badewanne, (Lehn-)Stuhl, Umkleidekabine, Naßbereich, Zimmer
- Hinausbitten der Angehörigen, der Besucher, anderer Patienten
- Verschieben von Betten

Besonders sei auch die Bergung aus dem Bett bei Kreislaufstillstand - wenn ein Reanimationsbrett fehlt - erwähnt.

Bei der Bergung/Rettung steht die Erhaltung der Lebensfunktionen im Vordergrund, die Infektionsgefahr ist als zweitrangig anzusehen.

> **!** Bei unsachgemäßem Vorgehen können Zusatzverletzungen verursacht werden.

Die Bergung/Rettung soll in einen Bereich erfolgen, in dem weitere Maßnahmen nicht durch Platzmangel behindert werden und der Patient möglichst von allen vier Seiten zugänglich ist.

**Gefahren:**
- Venenverweilkanülen (Durchflußregler abdrehen)
- Subklaviakatheter (mittels Durchflußregler abklemmen, die Infusionen abhängen)
- Blasenkatheter (abklemmen)
- Redonflasche (abklemmen)
- Bülau-(Thorax)-Drainage (Es müssen immer zwei Klemmen am Bett sein; mit diesen abklemmen)

### 1.2.4 Bergemethoden

Die Art der verwendeten Bergemethode hängt von verschiedenen Faktoren ab: von der Lokalisation des Patienten (Bett oder Boden), vom Körpergewicht und von der Anzahl der Helfer. Einen schweren, am Boden liegenden Patienten, den man alleine bergen muß, wird ein einzelner Helfer wegschleifen; bei Anwesenheit eines zweiten Helfers wird der Rautekgriff angewendet.

▸ Wegschleifen

Die zwei gestreckten Arme des Patienten werden unter dem Kopf gekreuzt, der Kopf liegt in den Oberarmen eingebettet. Danach ergreift der Helfer seine Handgelenke und schleift ihn aus der Gefahrenzone. Das Wegschleifen kann sowohl in Rücken- als auch in Bauchlage erfolgen.

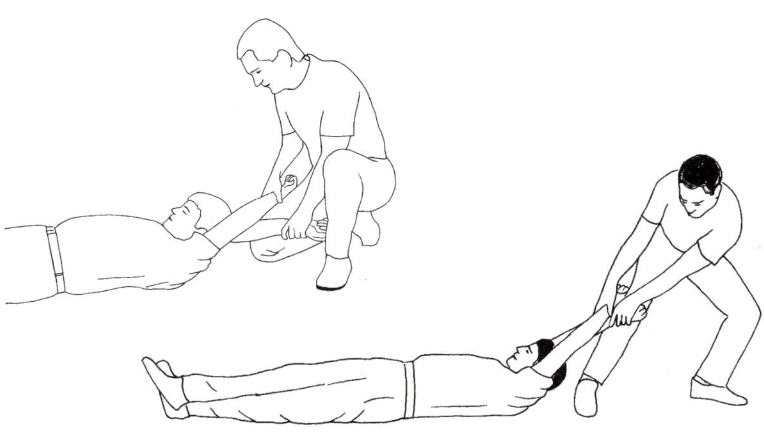

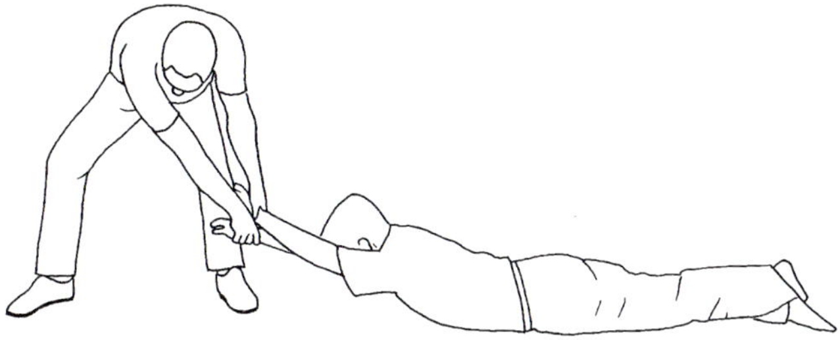

▶ Rautekgriff

Bei der Bergung/Rettung mit dem Rautekgriff sollten drei Situationen unterschieden werden: Liegt der Patient am Boden, sitzt er im Stuhl oder befindet er sich im Bett.

▷ *Bergung/Rettung aus einer Bodenlage*

**!**

Diese Methode darf nur angewandt werden, wenn eine Wirbelsäulenverletzung ausgeschlossen werden kann.

Die gestreckten Beine des Patienten werden überkreuzt. Anschließend wird er von hinten zwischen den Schulterblättern gefaßt und in eine aufrechte Sitzposition gebracht. Der Kopf des Patienten wird dabei mit den Handgelenken und den Unterarmen stabilisiert.

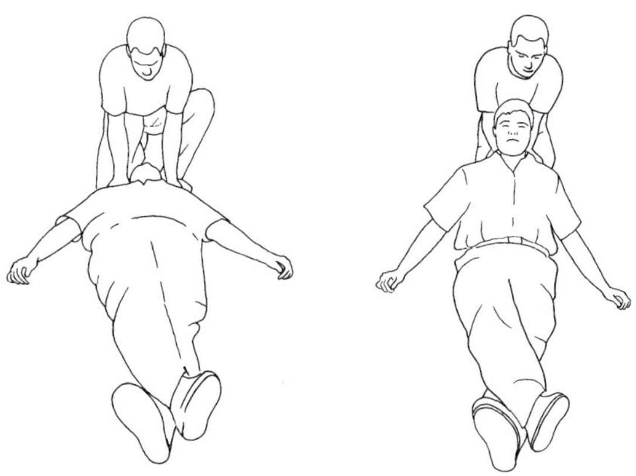

Der Helfer muß sofort vortreten, um mit seinen Beinen den Patienten abzustützen.

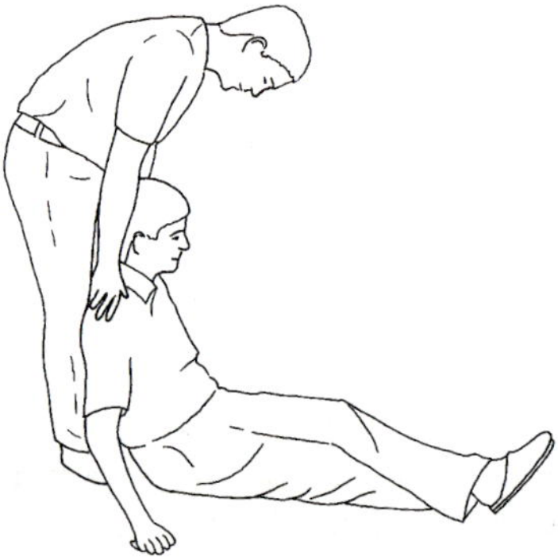

Dann greift er unter den Armen des Patienten durch und faßt einen Unterarm (im Falle einer vorliegenden oder evtl. Verletzung den unverletzten).

Daumen nach außen, um den Druck auf den Magen zu vermeiden.

Der Helfer geht mit einem Fuß zurück und hebt das Gesäß des Patienten auf seinen Oberschenkel. Der Patient kann nun schrittweise aus dem Gefahrenbereich entfernt werden.

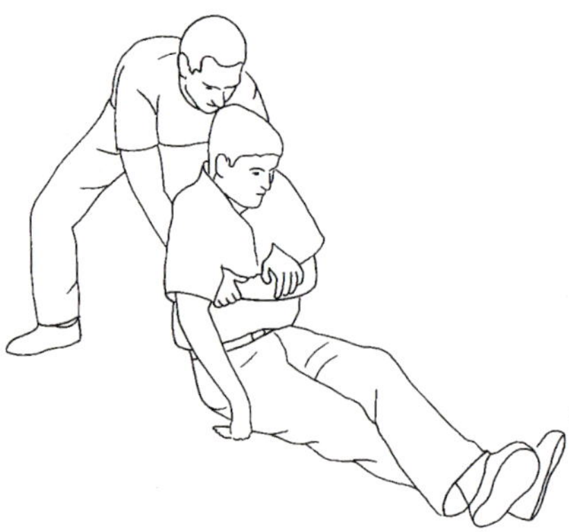

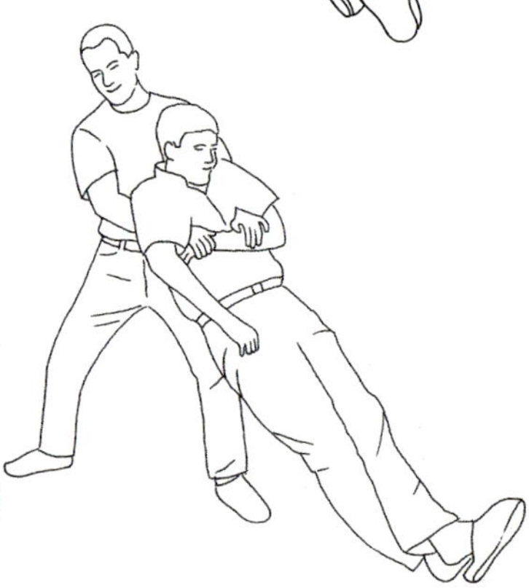

**!**

Ein einzelner Helfer muß beim Bergevorgang immer nach hinten schauen (Stolpergefahr).
Bei Anwesenheit eines zweiten Helfers übernimmt dieser die überkreuzten Beine.

▹ *Bergung/Rettung aus einer sitzenden Position*

In sitzender Position kann die Patientenbeurteilung nur zum Teil durchgeführt werden, deswegen ist eine Bergung/Rettung in eine horizontale Position unbedingt erforderlich, um die entsprechenden Maßnahmen zu treffen.

Die Beine des Patienten werden ausgestreckt. Nun greift der Helfer von hinten unter den Armen des Patienten durch, faßt ihn am Unterarm und hebt ihn auf seinen Oberschenkel.

**Anmerkung:**
Eine Ausnahmesituation stellt die Bergung/Rettung aus einem PKW dar. Hier ist immer an die Möglichkeit einer Wirbelsäulenverletzung zu denken. Eventuell falsche Maßnahmen können zu Lähmungen und u.U. zum Tod des Verunfallten führen.

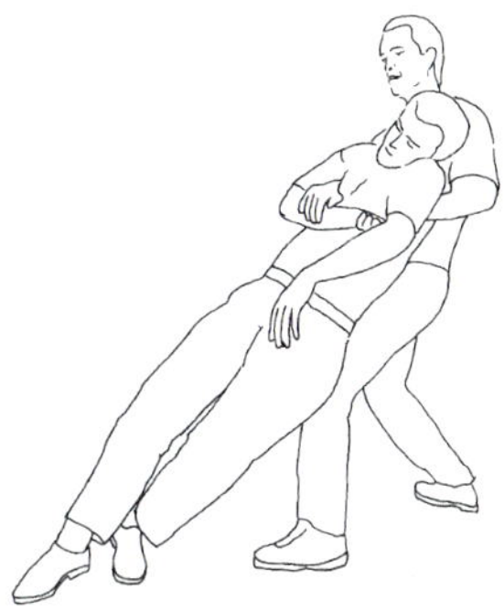

*Bergung/Rettung aus dem Bett*

Die Bergung/Rettung aus dem Bett ist immer dann notwendig, wenn kein Reanimationsbrett für Reanimationsmaßnahmen zur Verfügung steht. Sind solche Maßnahmen nicht indiziert, kann der Patient im Bett belassen werden, z. B. für den Notfallcheck oder andere Sofortmaßnahmen.

Der Patient wird auf eine Bettseite gerückt.

Reanimationsbrett

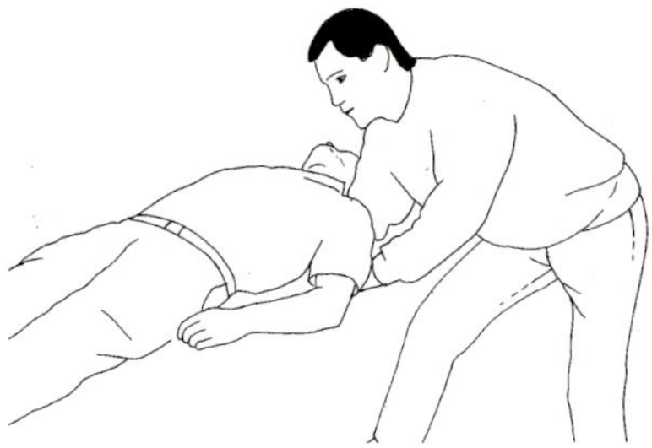

Anschließend wird er in eine sitzende Position gebracht, der Kopf wird mit den Unterarmen fixiert. Der Helfer kann nun unter den Armen des Patienten durchgreifen, ihn an einem Unterarm fassen und auf sein abgewinkeltes Bein heben. In dieser Position kann der Patient durch Zurückgehen aus dem Bett bzw. aus einer sitzenden Position gehoben werden.

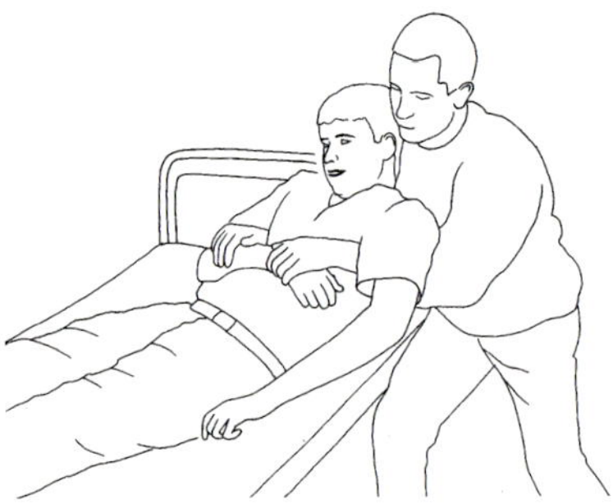

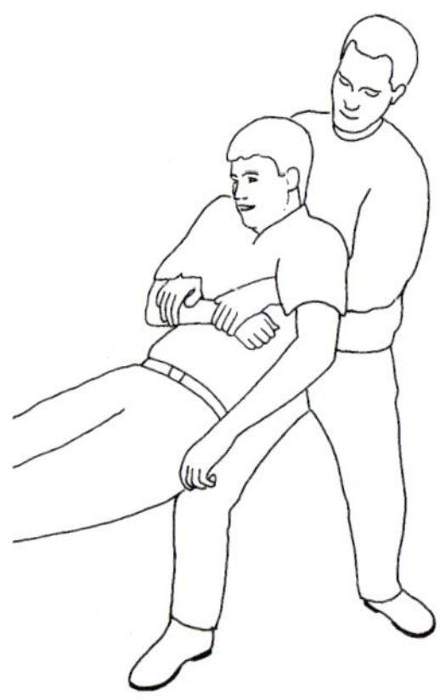

Die Beine des Patienten sollen von einer zweiten Person aus dem Bett gelegt werden. Es besteht sonst die Gefahr einer Fersenbeinfraktur! Abhilfe kann ein auf den Boden gelegtes Polster schaffen.

## 1.2.5 Maßnahmen des Erst- und Zweit-Helfers

Die Begriffe Erst- bzw. Zweit-Helfer beziehen sich auf die Reihenfolge des Eintreffens der Helfer. Der Ersthelfer nimmt den Notfall wahr, setzt die Maßnahmen bis zum Eintreffen eines Erfahreneren und gibt seine Wahrnehmungen an das Team weiter. Der Zweit-Helfer hilft und unterstützt ihn. Besitzt er mehr Erfahrung als der Ersthelfer, übernimmt er dessen Aufgabe.

▸ Alarm auslösen (Notruf)

Die Alarmierung steht bei Erwachsenen mit eingeschränkter Vitalfunktion an erster Stelle. Nur bei Verletzungen und Ertrinken (Badewanne) muß sofort mit der Patientenbeurteilung begonnen werden.

> **!** Wenn ein Alarmknopf in erreichbarer Nähe ist, sollte dieser in einer Notfallsituation sofort betätigt werden.

Notrufmöglichkeiten sind:

- Patientenglocke
- Hilferuf
- weitere Person(en): Pfleger, Patient, Angehörige, Besucher
- Telefon: Lift, Gänge, Transport
- Funk: während der Verlegung in ein anderes Krankenhaus

▸ Symptomerfassung, Fremdanamnese, Verdachtsdiagnose

Dabei kommt es besonders auf die Wahrnehmung mit den Augen, den Ohren und durch Fühlen an! Darüber hinaus ist die Befragung von Anwesenden (Besucher, Angehörige) oft sehr hilfreich.

*Mit den Augen:*
- Unfallhergang
- Krampf oder Reglosigkeit
- Erbrochenes
- Blutung
- Hautveränderung, Zyanose
- Schweiß
- Augenbewegungen, Mund, Mimik
- unkontrollierte Bewegungen

*Mit den Ohren:*
- Atemtyp, Stridor
- Gurgeln
- Hustentyp

*Durch Fühlen:*
- Wärme, Kälte
- Pulsfrequenz
- Atembewegungen

Die Wahrnehmung der Symptome ist besonders wichtig. Sie dient dem Arzt bei entsprechender Weitergabe, eine gezielte Therapie einzuleiten.

### ▸ Die Patientenbeurteilung

Der Patientenbeurteilung und den Maßnahmen, die damit verbunden sind, ist ein eigenes Kapitel gewidmet (s.S. 17). Deswegen sind hier nur die drei Hauptpunkte erwähnt:

1. Prüfen des Bewußtseins
2. Prüfen der Atmung
3. Prüfen des Kreislaufs

### ▸ Setzen der Sofortmaßnahmen

Im folgenden sind jene Sofortmaßnahmen angeführt, die nicht in direktem Zusammenhang mit der Patientenbeurteilung stehen. Dazu gehören:

- Ausschalten evtl. Ursachen (iatrogene, Strom, etc.)
- Ausweiten des Alarmes in Abhängigkeit vom Notfallcheck (Herzalarm, Notarzt)
- Basic Life Support (BLS)
- Ergreifen von „Pflegemaßnahmen“: Lagerung, Zuspruch, Sauerstoffgabe
- Vorbereiten der Arztassistenz: Notfallkoffer, Zusatzgeräte

#### ▹ *Alarmierung des Stationsarztes*

Die alleinige Alarmierung des Stationsarztes erfolgt bei
- Somnolenz, Sopor, Synkope
- Notfällen ohne akute vitale Gefährdung (z.B. noch meßbarer Blutdruckabfall)

• *Der Herzalarm*

Der Herzalarm erfolgt bei
- tiefer Bewußtlosigkeit
- fehlender Atmung
- fehlendem Karotispuls

Der Notruf wird über die **Hausnotrufnummer** (Herzalarm)

..................................................................

abgegeben. Der normale Herzalarm-Tastenruf (in Patientenzimmern) wird leider häufig mißbraucht.

Andere wichtige Notrufnummern lauten:

| Station | Telefonnummer |
|---|---|
| | |
| | |
| | |
| | |

Die Meldung muß ruhig und verständlich erteilt werden. Sie muß folgende Information beinhalten:

# Wer ruft an?
# Wo ist der Notfall passiert (Station, Ambulanz)?
# Was ist geschehen?
# Wieviele Verletzte/Erkrankte gibt es?

Die Notrufzentrale beendet das Gespräch. Ihren Anweisungen ist Folge zu leisten.

## 1.2.6 Arztassistenz (s.S. 49f)

Unter Arztassistenz versteht man alle Hilfestellungen, die im Beisein eines Arztes getroffen werden. Diese umfassen:

- Bei vorhandenem Bewußtsein:
  - Assistenz beim Legen eines venösen Zuganges
- Bei Bewußtlosigkeit/Koma:
  - Assistenz beim Legen eines venösen Zuganges
  - Assistenz bei diagnostischen Maßnahmen (z.B. Blutzuckermessung)
- Bei Atemstillstand oder Ateminsuffizienz:
  - Assistenz beim Legen eines venösen Zuganges
  - Assistenz bei der Intubation
  - Assistenz bei der assistierten oder kontrollierten Beatmung
- Bei Kreislaufstillstand:
  - Herzdruckmassage (auch ohne Anwesenheit des Arztes)
  - Anlegen und Schreiben des EKG
  - u.U. präkordialer Schlag
  - Durchführung der Defibrillation
  - Assistenz beim Legen eines venösen Zuganges
  - Medikamentengabe
  - Assistenz bei der Beatmung
  - Assistenz bei der Intubation
- Weitere Maßnahmen sind:
  - Informationsweitergabe über gemachte Wahrnehmungen
  - Durchführung situationsbezogener Lagerungen
  - Vorbereiten von Infusionslösungen
  - Aufziehen von Ampullen
  - Blutabnahme für Laborbefunde

# 2 Die Patientenbeurteilung und die Hilfsmaßnahmen

Die Beurteilung des Patienten ist der wichtigste Punkt des gesamten Notfallablaufes, da sie Aufschluß über den Zustand des Patienten gibt. Aus diesem Grund ist es unabdingbar, die folgenden Algorithmen und deren Erklärung genauestens zu studieren.

## 2.1 Graphische Darstellung der Patientenbeurteilung

Die graphische Darstellung zeigt die einzelnen Schritte der Patientenbeurteilung, aber auch die notwendigen Vorgangsweisen in bestimmten Situationen auf. Die exakten Erläuterungen werden im nachfolgenden Abschnitt besprochen. Alle Maßnahmen sind Teil des Notfallablaufes und müssen als solches verstanden werden.

### 2.1.1 Die Hauptpunkte der Patientenbeurteilung

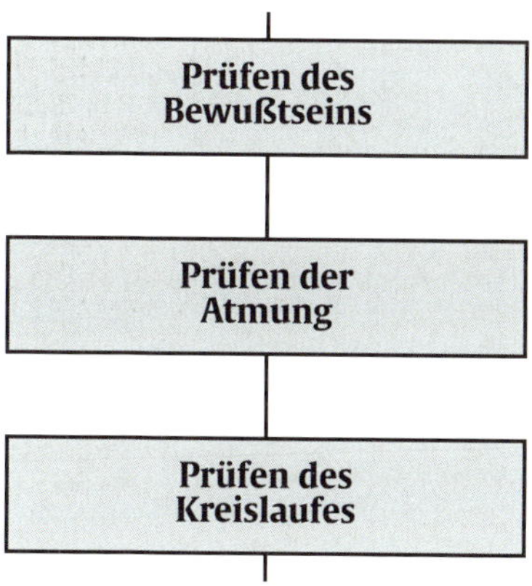

## 2.1.2 Die Patientenbeurteilung

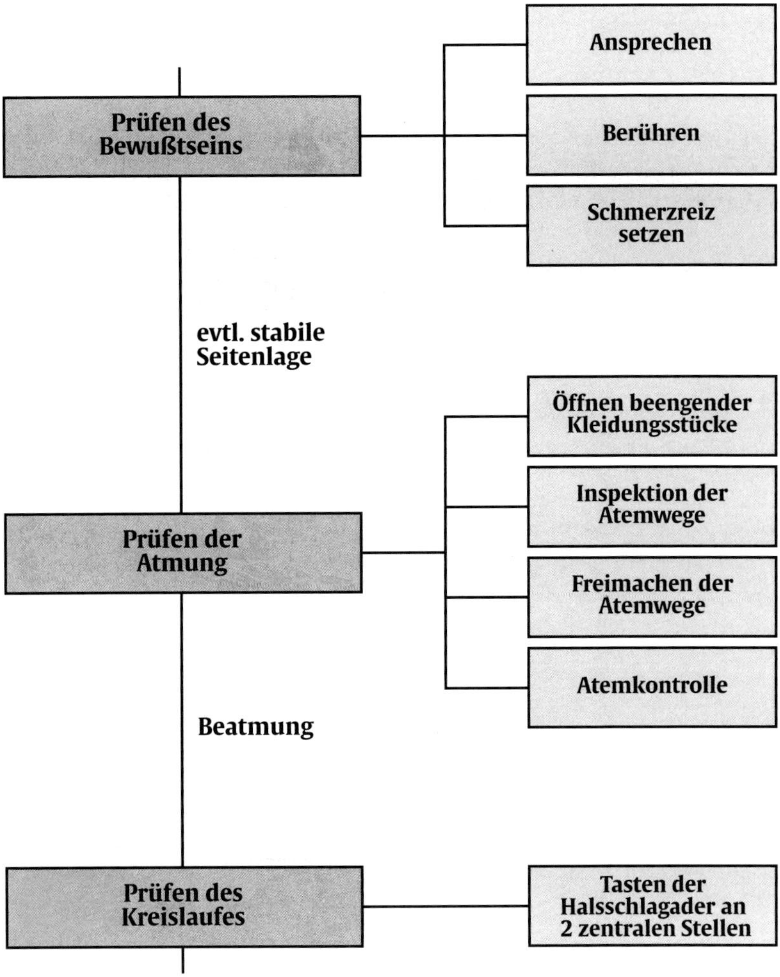

## 2.1.3 Die Hilfsmaßnahmen

- Maßnahmen bei vorhandenem Bewußtsein

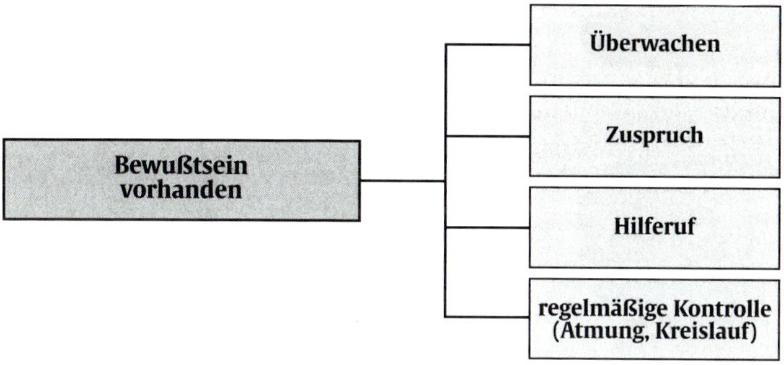


- Maßnahmen bei fehlendem Bewußtsein

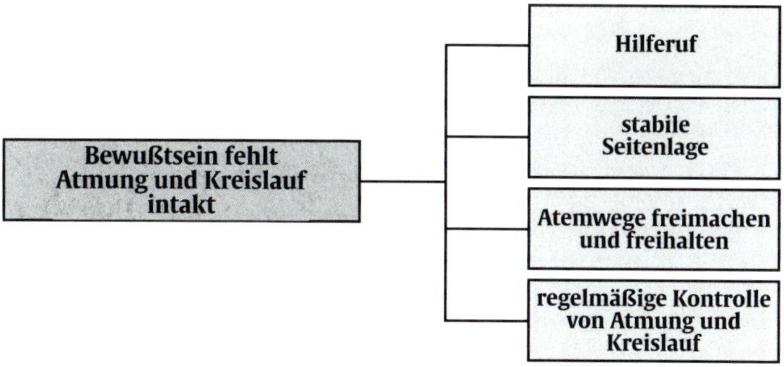

▸ Maßnahmen bei fehlendem Bewußtsein und fehlender Atmung

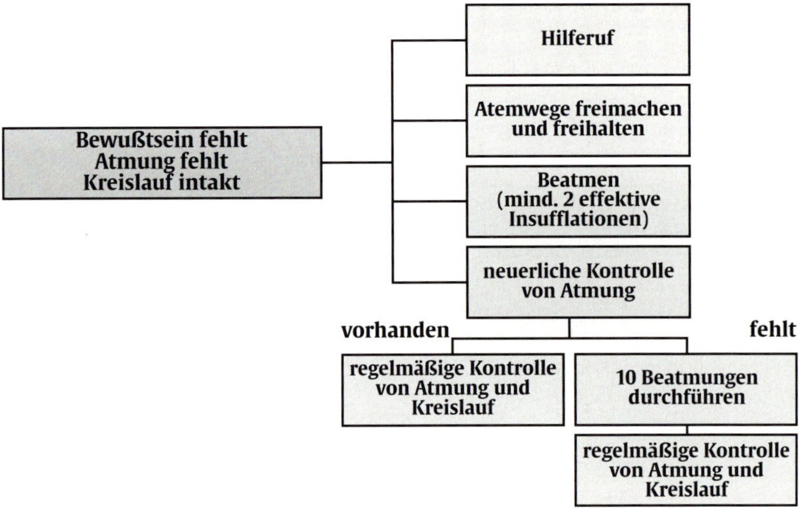


▸ Maßnahmen bei Fehlen von Bewußtsein, Atmung und Kreislauf

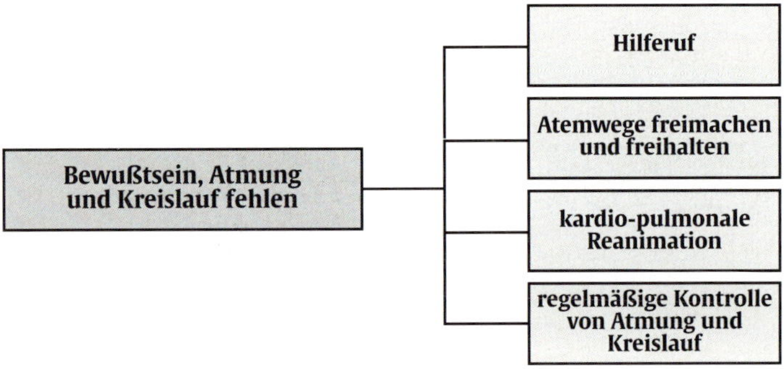

## 2.2 Die Patientenbeurteilung im Detail

Anhand der Algorithmen werden in den nachfolgenden Abschnitten die Einzelschritte der Patientenbeurteilung und die daraus resultierenden Hilfsleistungen besprochen.

Vorweg ist es aber unerläßlich, das Stufenschema des Reanimationsablaufes zu erläutern. Es umfaßt vier Stadien.

▸ Basic Life Support (BLS)

Zum Basic Life Support zählen

- stabile Seitenlagerung
- Patientenbeurteilung
- Beatmung
- Herz-Druck-Massage

▸ Basic Life Support und Frühdefibrillation

Dazu zählt zusätzlich zum BLS die

- Frühdefibrillation mit halbautomatischen Defibrillatoren

▸ Von Basic Life Support zu den erweiterten lebensrettenden Maßnahmen (ACLS, Advanced Cardiac Life Support)

- Beutelbeatmung
- Sauerstoffgabe
- Einsatz des Guedel- und Wendltubus

▸ Erweiterte lebensrettende Maßnahmen

- manuelle Defibrillation
- Intubation
- Legen eines i.v.-Zuganges
- Gabe von Medikamenten

### 2.2.1 Prüfen von Bewußtsein, Atmung und Kreislauf

▸ Prüfen des Bewußtseins

Das Bewußtsein kann auf verschiedene Art und Weise geprüft werden, durch

| | |
|---|---|
| • Ansprechen: | Reagiert der Patient auf akustische Reize? |
| • Berühren: | Reagiert der Patient auf mechanische Reize? |
| • einen Schmerzreiz: | Reagiert der Patient auf schmerzvolle Reize? |

Wie bereits im vorangegangenen Kapitel erläutert, wird bei fehlendem Bewußtsein der Hilferuf ausgelöst. Dies kann erfolgen durch

- Drücken der Patientenglocke
- das Zimmertelefon (Herzalarm)
- anwesende Personen (Patienten, Besucher)
- lautes „Hilfe"-Rufen

▸ Prüfen der Atmung

Vor der Atemkontrolle sind die Atemwege zu inspizieren und freizumachen. Erst dadurch wird eine exakte Beurteilung ermöglicht.

▹ *Öffnen beengender Kleidungsstücke*
Hemden, Krawatten, Hosengürtel, Büstenhalter

▹ *Inspektion der Atemwege*
Einsehen der Mundhöhle (eine Hand auf die Stirn, die andere Hand drückt den Unterkiefer nach unten)

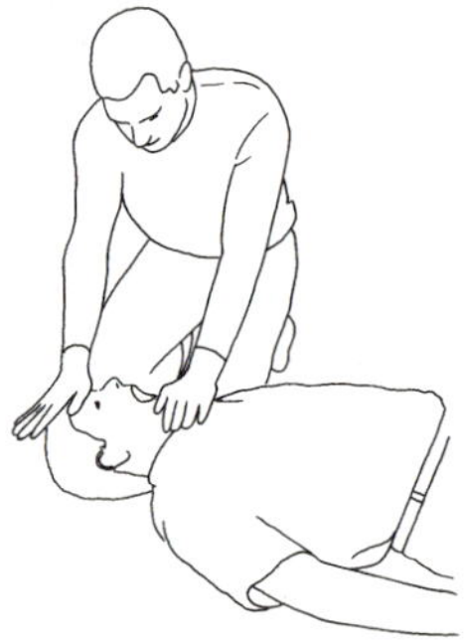

▹ *Freimachen der Atemwege*

- Mechanisch:
  Kopf unter Zug (Schutzmaßnahme bei evtl. Verletzung der Halswirbelsäule) zur Seite drehen und Mundhöhle mit Tupfer oder Stoff ausräumen (locker sitzende Prothese, Erbrochenes, Blut, etc.). Absauggerät verwenden, wenn es neben dem Bett steht.

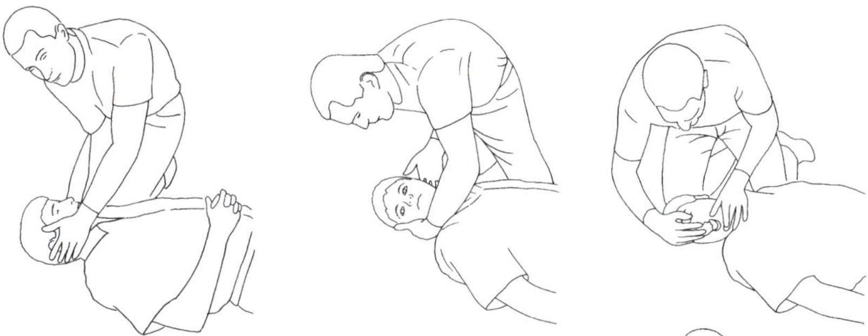

- Anatomisch:
  Der Kopf wird nackenwärts überstreckt.
  Eine Hand befindet sich am Haaransatz, mit der anderen wird der Unterkiefer zwischen Daumen und Zeigefinger geklemmt und nach vorne und oben gezogen. Dadurch wird der Abstand zwischen Zunge und Rachenhinterwand wesentlich erweitert.

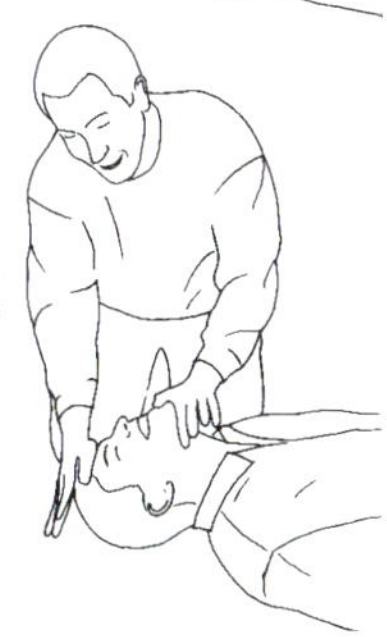

- Bei Bolusgeschehen (Verlegung der Atemwege)
  Sind die Atemwege verlegt, muß versucht werden, diese freizumachen. Um dies zu erzielen, werden 5 Schläge zwischen die Schulterblätter verabreicht. Falls es dem Patienten möglich ist, beugt er sich dabei nach vorne.

  Stellt sich kein Erfolg ein, wird mit der abdominelle Kompression fortgefahren. Diese wird ebenfalls 5x durchgeführt. Eine Methode der abdominellen Kompression ist der Heimlich-Handgriff. Er kann sowohl in Sitz- als auch in liegender Position angewandt werden.

**!** Der Heimlich-Handgriff darf nur von Geübten angewendet werden.

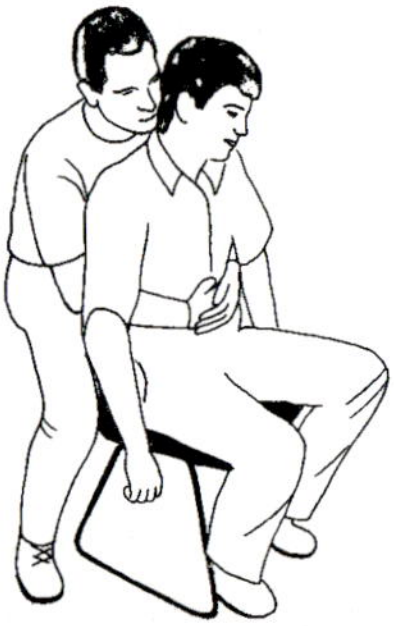

*In Sitzposition:*

Der Patient wird von hinten mit beiden Händen unterhalb des Rippenbogens umfaßt, wobei die tiefer liegende Hand zur Faust geballt ist. Nun werden beide Hände ruckartig nach hinten und oben gezogen.

*In Rückenlage* (Der Patient liegt auf einem harten Untergrund):

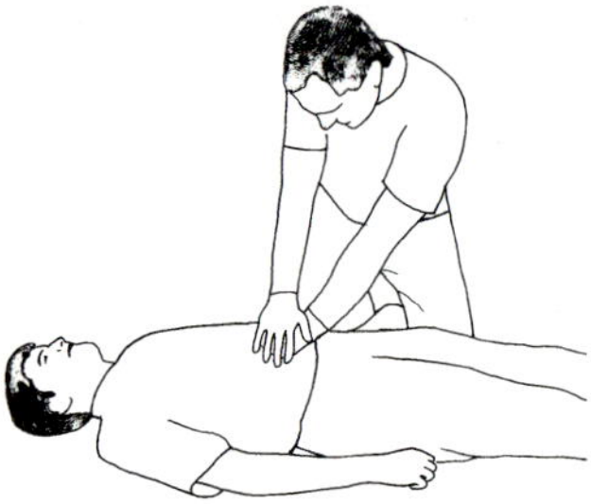

Beide Hände werden unterhalb des Rippenbogens auf die Bauchdecke gelegt, auch hier ist die tiefer gelegene Hand zur Faust geballt. Dann wird in schrägem Winkel ruckartig, aber mit Gefühl, die Bauchdecke nach oben eingedrückt.

▹ *Atemkontrolle (bis 10 sec, bei überstrecktem Kopf):*

| | |
|---|---|
| Sehen, | ob sich der Brustkorb hebt und senkt |
| Hören, | ob ein Geräusch die Atmung begleitet |
| Fühlen, | der Ausatemluft an der Wange |

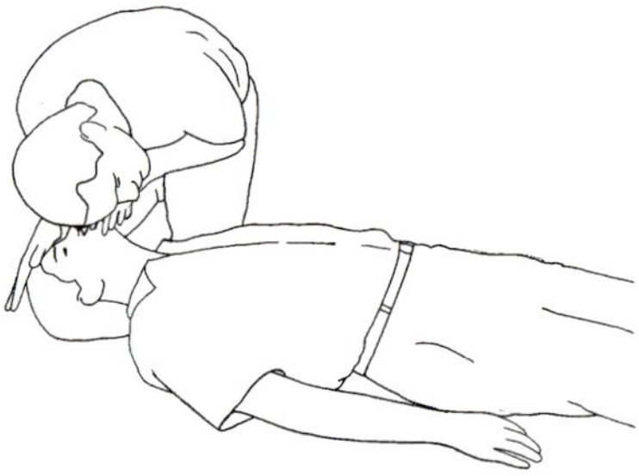

▸ Prüfen des Kreislaufes (*bis 10 sec)*

Der Kopf bleibt weiterhin überstreckt, dadurch besteht eine bessere anatomische Ansicht von Halsmuskulatur und Kehlkopf. Zudem ist die A. carotis (Halsschlagader) besser zu tasten.

**!**

Auch bei vorhandener Atmung muß der Puls gemessen werden, um einen primären Herzstillstand auszuschließen.

Die Halsschlagader (A. carotis) wird einseitig in Höhe des Kehlkopfs vor dem schrägen Halsmuskel ertastet. Wird kein Puls getastet, muß die zweite Seite kontrolliert werden. Dies ist nötig, um sich eindeutig davon zu überzeugen, daß keine Kreislauftätigkeit vorhanden ist und somit die „Notfalldiagnose Kreislaufstillstand" feststeht.

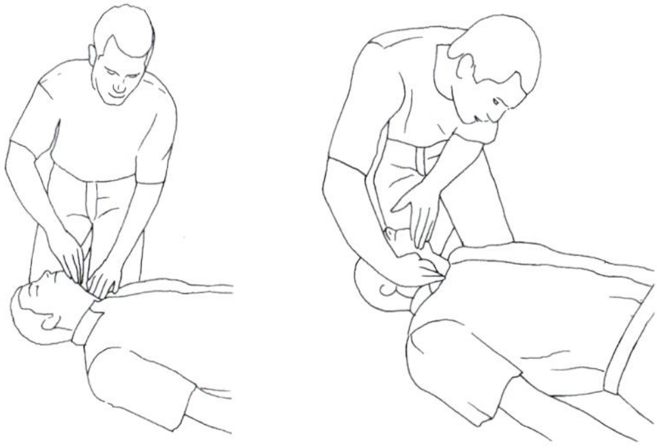

**!**

Die Pupillenweite und -reaktion ist ein Zeichen für die Erstdiagnostik und für die Effektivität der kardio-pulmonalen Reanimation.

## 2.2.2 Maßnahmen für Einzelsituationen

Der Patient ist ansprechbar

1. 

- Atemwege freihalten
- der Symptomatik entsprechende Lagerung durchführen
- den Körper des Patienten zudecken
- Puls und Atemfrequenz messen
- vorhandene Leitungen kontrollieren
- Informationen für den Arzt sammeln (Fremdanamnese)

2. 

- diensthabenden Arzt rufen
- Notfallkoffer bringen
- Sauerstoffgabe mit Inhalationsmaske
- Blutdruck messen

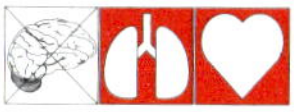

Der Patient ist bewußtlos (Atmung und Kreislauf vorhanden)

1. 

- Atemwege mechanisch und anatomisch freimachen
- anschließend die Atemwege durch stabile Seitenlage freihalten
- laufende Kontrolle von Puls und Atmung
- den Körper des Patienten zudecken
- Informationen für den Arzt sammeln (Fremdanamnese)

2. 

- Notruf (Herzalarm)
- Notfallkoffer herbeiholen
- Sauerstoffgabe mit Inhalationsmaske
- Blutdruck messen

**!**

Bewußtlose dürfen nicht alleine gelassen werden!

Der Patient hat einen Atemstillstand

**1.**

- Atemwege kontrollieren und mechanisch und anatomisch freimachen
- initial 2 Beatmungen durchführen (auch im Bett möglich)
- neuerliche Kontrolle der Atemwege, bei fehlender Atmung weitere 10 Beatmungen durchführen
- nach jeder Minute Kreislauf, Atmung und Atemwege kontrollieren (Gefahr der Aspiration)
- möglichst schnell Beatmungsbeutel mit Sauerstoffreservoir und angeschlossenem Sauerstoff einsetzen

**2.**

- Notruf (Herzalarm)
- Notfallkoffer und Reanimationsbrett herbeiholen
- falls vorhanden: EKG anlegen
- Intubationsbereitschaft herstellen
- wenn notwendig, Absaugung durchführen

**!**

Voraussetzung für den Einsatz des Beatmungsbeutel ist das Beherrschen der Beutel-Masken-Beatmung. Ungeübte können diese Beatmung zu zweit durchführen; ein Helfer fixiert die Maske mit dem doppelten C-Griff, der andere drückt den Beutel.

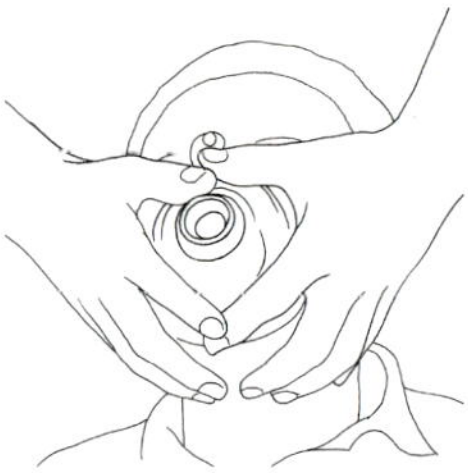

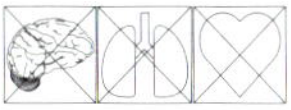

Der Patient hat einen Kreislaufstillstand

1. 

- Notruf (Herzalarm)
- Den Patient auf eine harte Unterlage legen
- Herz-Lungen-Wiederbelebung durchführen, 2 Beatmungen : 15 Herz-Druck-Massagen
- nach jeweils 10 Beatmungen (entspricht ca. 1 Minute) Kreislauf und Atmung kontrollieren

2. 

- Notfallkoffer und Reanimationsbrett herbeiholen
- Beatmungsbeutel mit Reservoirbeutel und Sauerstoff vorbereiten
- wenn vorhanden, EKG anlegen
- Defibrillation vorbereiten
- wenn notwendig, Absaugung durchführen
- die Reanimationsmaßnahmen des ersten Helfers übernehmen; Rhythmus 2:15
- Intubation vorbereiten

!

Die Herz-Lungen-Wiederbelebung (=kardio-pulmonale Reanimation) kann auch mit zwei Helfern durchgeführt werden. Beim Übergang von der Ein- zur Zweihelfer-Methode übernimmt der zweite Helfer die Herz-Druck-Massage, nachdem der erste Helfer zwei Beatmungen durchgeführt hat. Der Rhythmus wechselt jetzt auf 1 Beatmung und 5 Herz-Druck-Massagen.

## 2.2.3 Lagerungstypen

Das Prinzip der Seitenlage:

- Mund ist tiefster Punkt
  Erbrochenes kann ausfließen, Zunge verlegt die Atemwege nicht
- Patient liegt stabil

**!** Es ist notwendig, die stabile Seitenlage exakt durchzuführen.

▸ Stabile Seitenlage nach Rautek (zur Vermeidung weiterer Schäden bei Verdacht auf eine Wirbelsäulenverletzung)

Nach Erkennen einer Bewußtlosigkeit bei gleichzeitig stabiler Atmung und stabilem Kreislauf bleibt der Helfer in kniender Position, nimmt den ihm zugewandt liegenden Arm des Patienten und streift ihn 90 Grad vom Körper ab. Nun faßt er das gegenüberliegende Bein unter der Kniekehle und zieht es in Richtung Oberkörper des Patienten. Der Helfer faßt den gegenüberliegenden Arm am Handgelenk, hebt ihn in Höhe des Patientenknies und zieht die Kniescheibe zum Handgelenk. (Nicht umgekehrt, denn sonst hebt sich die Schulter vom Boden ab und der Oberkörper wird verzogen [Wirbelsäule!]).

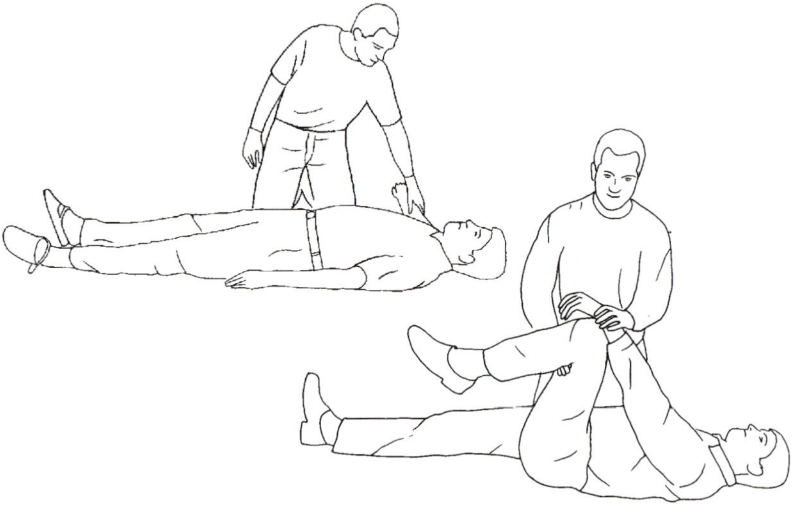

Oberkörper, Oberschenkel und Arm des Patienten bilden ein stabiles Dreieck. Die Hände des Helfers bleiben in der Kniekehle und am Handgelenk. Jetzt kann der Patient zügig zur Seite des Helfers gedreht werden. Erst in der Seitenlage dürfen Knie und Handgelenk losgelassen werden. Der Mund wird Richtung Boden gedreht und leicht geöffnet.

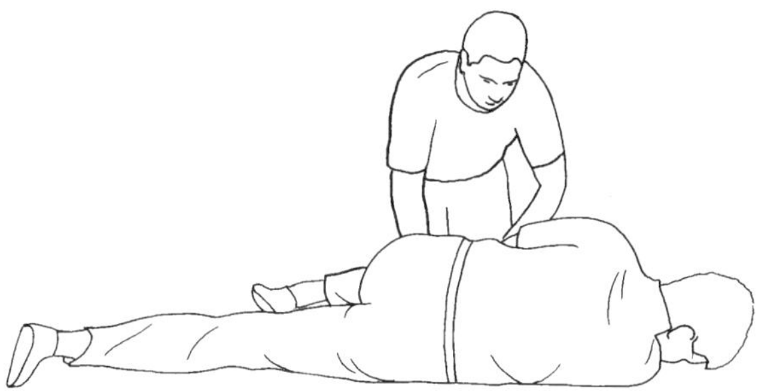

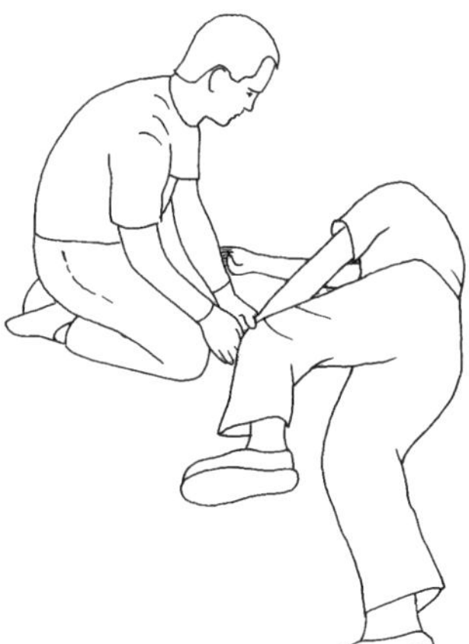

▸ Seitenlagerung nach ERC (European Resuscitation Council, 1998)

Zur Duchführung der stabilen Seitenlagerung nach den ERC-Richtlinien kniet der Helfer seitlich neben den Bewußtlosen, dessen Beine ausgestreckt sind. Der gleichseitige, in der Ellenbeuge gebeugte Arm wird im rechten Winkel vom Körper weg plaziert. Die Handfläche kommt neben dem Kopf zu liegen.

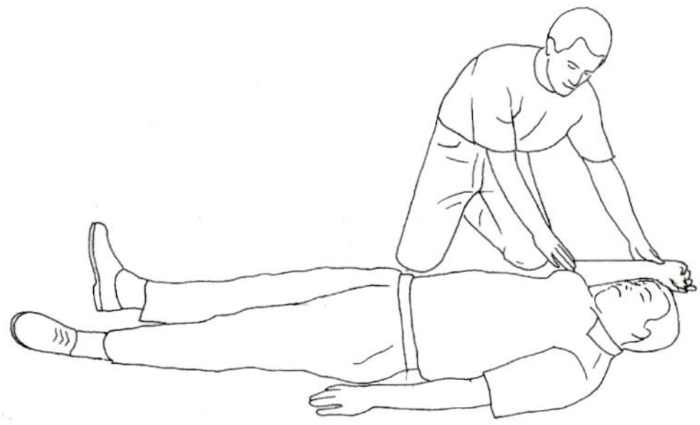

Der abgewandte Arm wird über den Brustkorb gelegt, wobei der Handrücken auf die Wange des Patienten gedrückt wird.

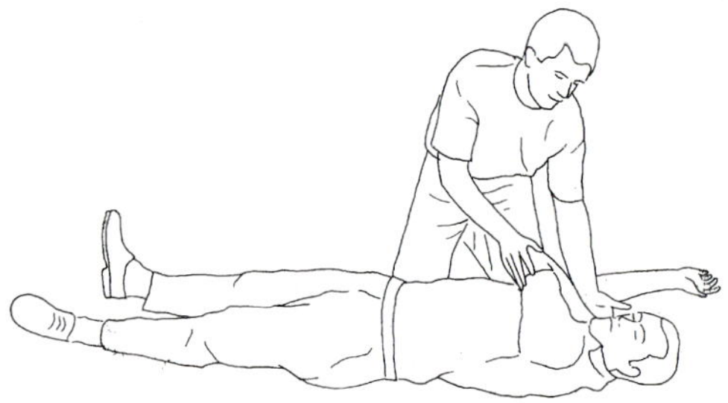

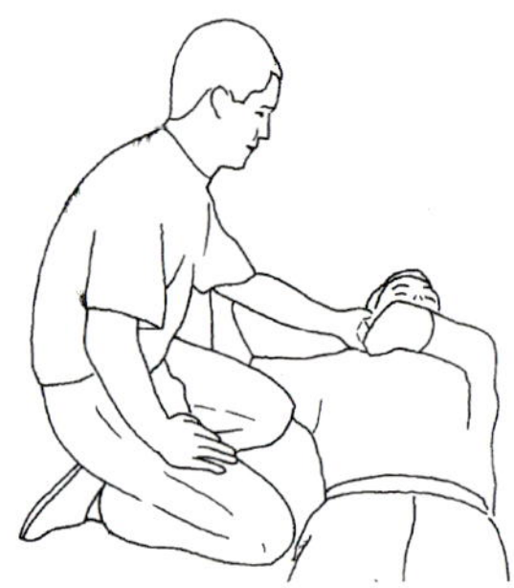

Das gegenüberliegende Bein wird in der Kniekehle gefaßt und abgewinkelt. Die Fußsohle berührt ständig den Boden.

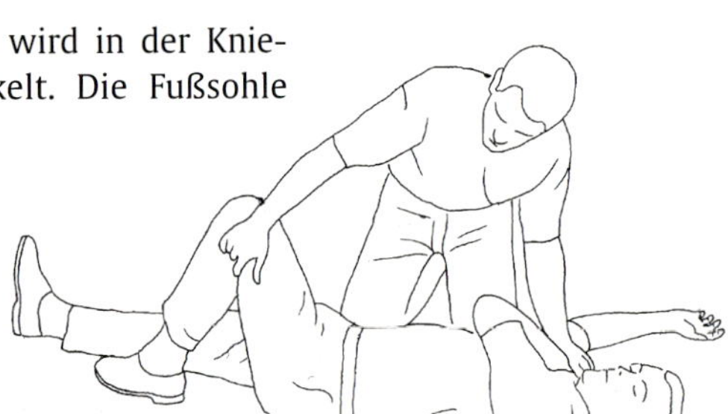

Der Bewußtlose wird nun am Bein auf die Seite des Helfers gezogen. Das oben liegende Bein wird derart plaziert, daß es mit der Hüfte einen rechten Winkel bildet. Der Kopf wird nach hinten gekippt, um die Atemwege offen zu halten. Dabei kann die Hand an der Wange zur zusätzlichen Stabilisierung des Kopfes verwendet werden. In weiterer Folge ist die Atmung regelmäßig zu kontrollieren.

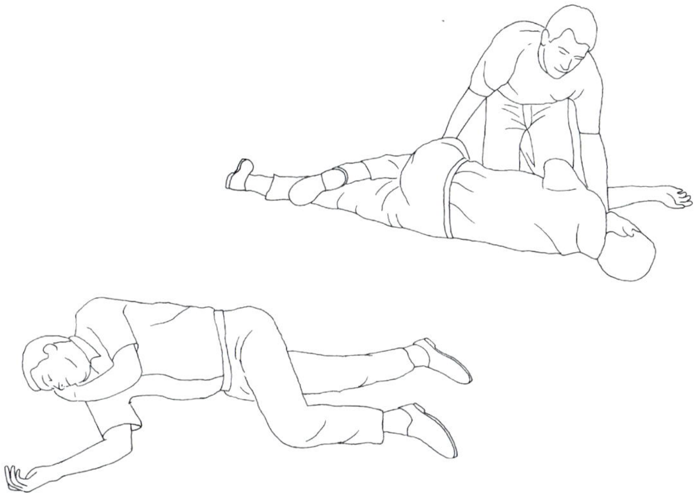

!

Es gibt weltweit ca. 25 Variationen der Seitenlagerung.

## ▸ Einige spezielle Lagerungen

▹ *Lagerung bei Atemnot und Herzschmerzen (halbsitzende Lagerung)*

führt zu einer Erleichterung der Patientenatmung.

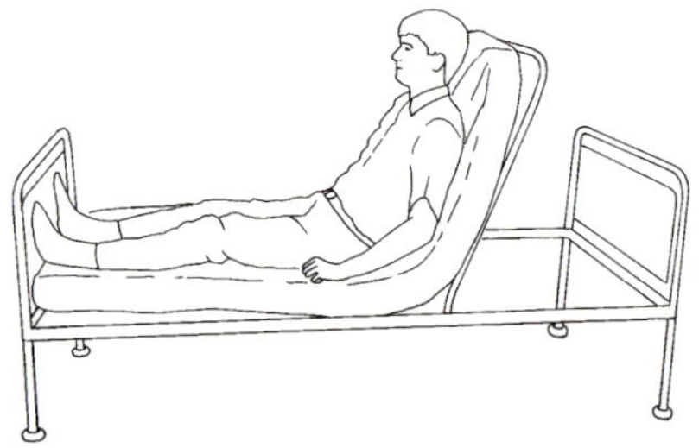

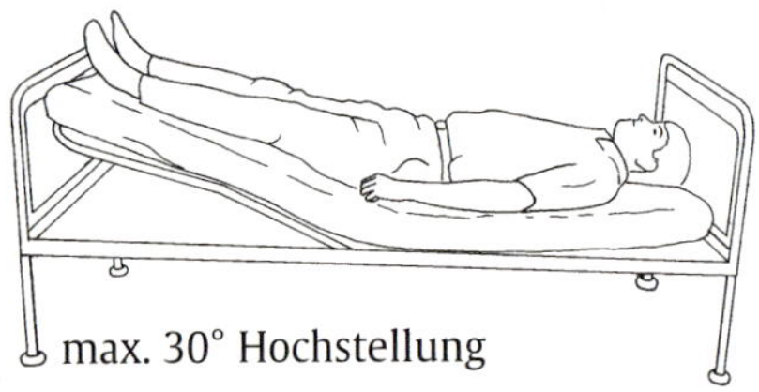


▹ *Lagerung bei Volumenmangel (Schocklagerung)*

erhöht den venösen Blutrückfluß aus den Beinen und dem Bauchraum, wodurch es zu einer verbesserten Füllung des Herzens kommt. Gleichzeitig erhöht sich auch das Schlagvolumen.

▹ *Lagerung bei Lungenödem*

führt zu einer Druckentlastung im Lungenkreislauf (2 Varianten).

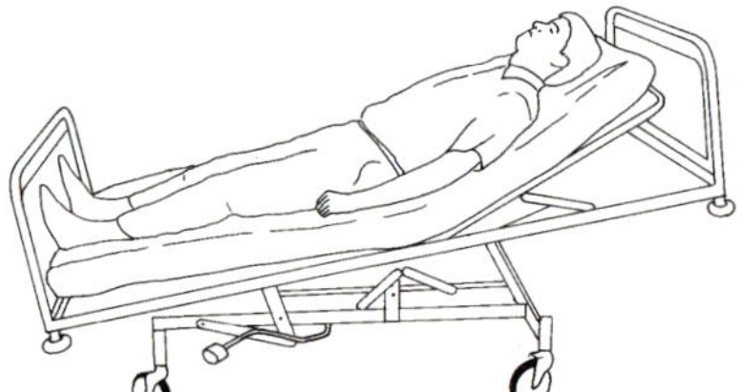

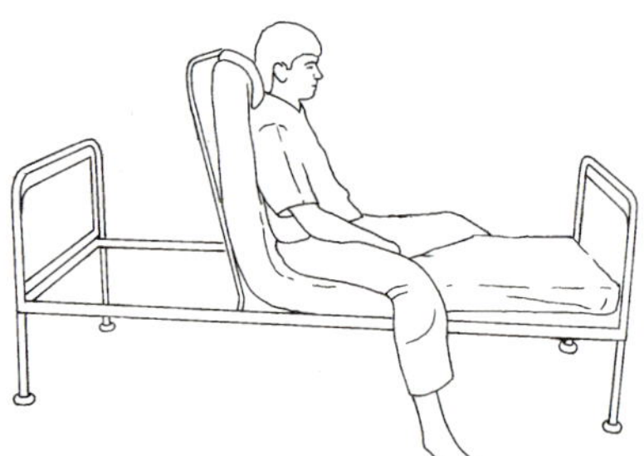

**!** Bei dieser Lagerung besteht die Gefahr des verminderten venösen Rückflusses mit Minderdurchblutung lebensnotwendiger Organe.

▹ *Lagerung bei akutem Abdomen, Beckenbruch, etc.*

führt zu einer Entspannung der Bauchdecke und somit zu einer Schmerzreduktion.

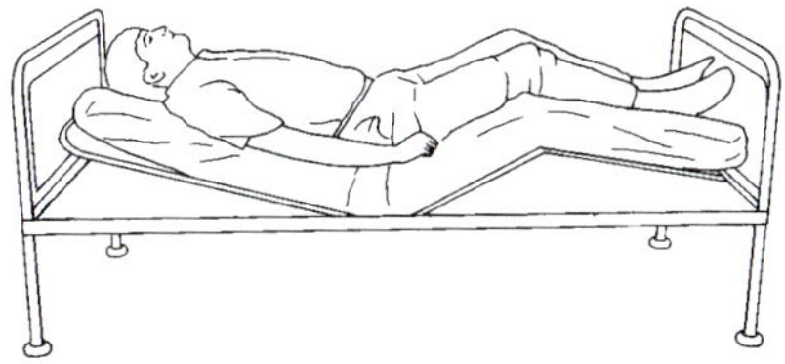

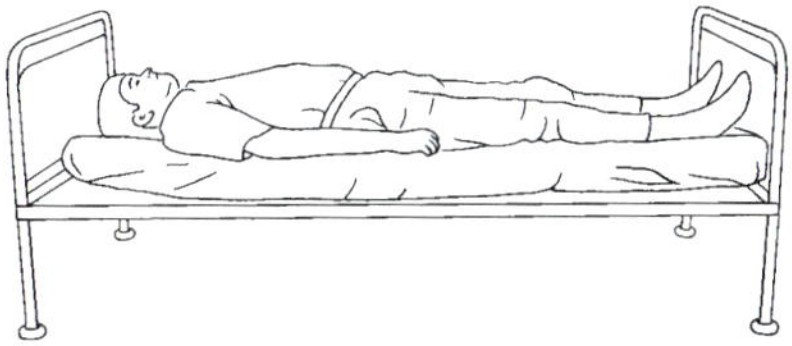

▹ *Lagerung bei Wirbelverletzung bzw. Beckenfraktur*

Verwendung einer harten Unterlage zur Vermeidung weiterer Verschiebungen im verletzten Abschnitt.

▹ *Lagerung beim Cava-kompressions-Syndrom* (bei Hochschwangeren)

Verhinderung der Abklemmung der unteren Hohlvene (V. cava) durch den Uterus.

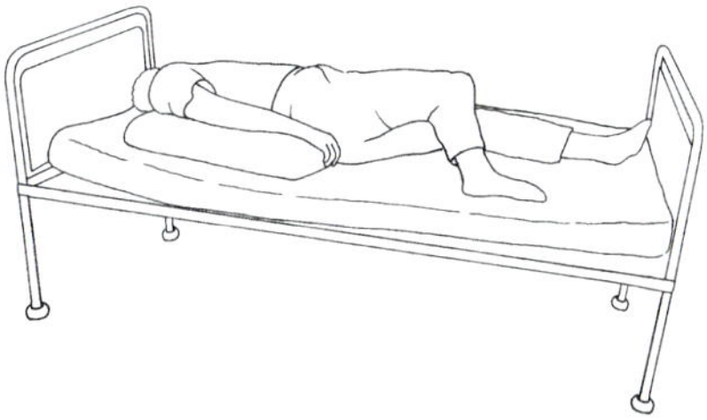

▹ *Lagerung bei einsetzender Geburt*

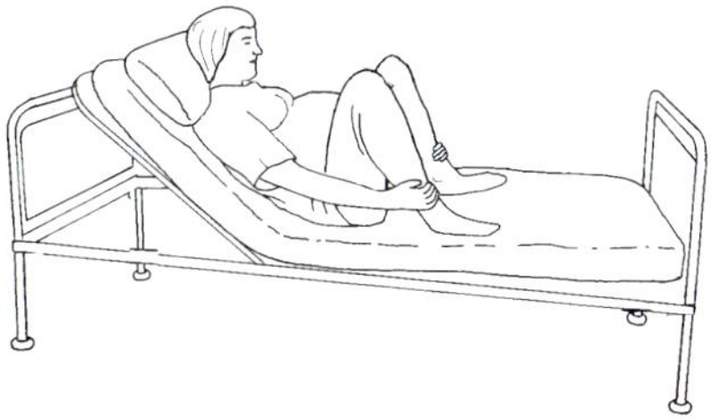

## ▹ Weitere Lagerungen

## 2.2.4 Beatmungstypen

Bevor im Weiteren mit den einzelnen Arten der Beatmung begonnen wird, sollten Sie sich die folgenden Werte einprägen:

| | |
|---|---|
| Beatmungsvolumen | ca. 10 ml/kg Körpergewicht |
| Insufflationszeit | 1,5-2 sec |
| Beatmungsfrequenz | ca. 12 Beatmungen/min |

### Die Sauerstoffgabe

Die Arten der Sauerstoffgabe sind in der nachfolgenden Tabelle zusammengestellt.

| **Art** | **Beispiel** |
|---|---|
| Sauerstoffdusche | Asthma bronchiale |
| Sauerstoffgabe mit Venturi-Maske | Herzinsuffizienz<br>*Cave:* klaustrophobe Patienten |
| assistierte Beatmung | Verdacht auf Aspiration |
| kontrollierte Beatmung | Reanimation |

Es gilt:

| | |
|---|---|
| generell | 6 - 8 l/min, wenn möglich mit Sauerstoffreservoir |
| Hyperventilation | keine Sauerstoffgabe |
| Asthma | ca. 4 l/min, kein Sauerstoffreservoir notwendig |

## Die assistierte Beatmung

Die assistierte Beatmung ist durchzuführen, wenn die Eigenatmung vorhanden ist, aber

- durch zu geringes Atemzugvolumen
- durch zu niedrige Atemfrequenz
- durch zu hohe Atemfrequenz (flach und schnell)
- bei paradoxer Atmung (Rippenserienfraktur)

nicht suffizient ist und eventuell zu einer Zyanose führt.

Durchführung:
- Mund-zu-Mund
- Mund-zu-Nase
- Mund-zu-Mund-und-Nase (Kleinkinder!)
- Mund-zu-Stoma
- Beutel-Masken-Beatmung (nur durch geübten Helfer)

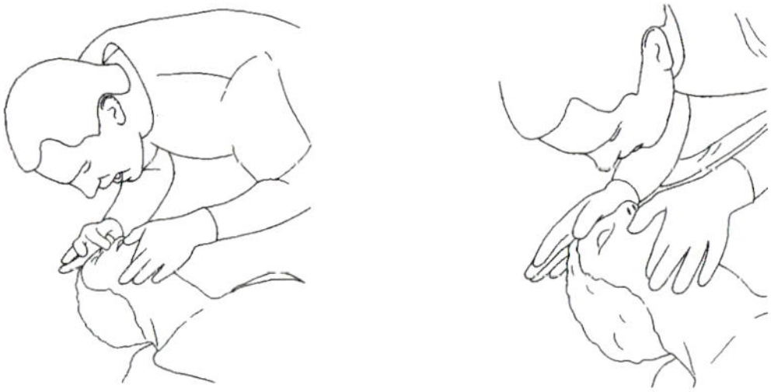

Ziel: Unterstützung der Patientenatmung durch

- Erhöhung des Atemzugvolumens (hinzubeatmen)
- Beatmungen in den Nichtatemphasen
- Steuerung des Atemantriebes (Hechelatmung)

**!**

Bei der assistierten und kontrollierten Beatmung ohne Maske sollten Beatmungsschutztücher verwendet werden (Selbstschutz!).

## Die kontrollierte Beatmung

Die kontrollierte Beatmung ist – beim nicht-intubierten Patienten – bei Atemstillstand oder terminaler Schnappatmung anzuwenden.

Durchführung:
- Mund-zu-Mund
- Mund-zu-Nase
- Mund-zu-Mund-und-Nase (Kleinkinder!)
- Mund-zu-Stoma
- Beutel-Masken-Beatmung (nur durch geübten Helfer)

Die Beatmung wird dem Gewicht des Menschen angepaßt. Es gilt folgende Formel:

**Atemzugvolumen** = 10 ml x kg Körpergewicht

Die **Atemfrequenz** des Erwachsenen liegt bei 12-16/min.

Beispiel:

| KG | Frequenz | AZV | AMV |
|---|---|---|---|
| 50 kg | 12 | 500 ml | 6,0 l |
| 70 kg | 12 | 700 ml | 8,4 l |

KG=Körpergewicht, AZV=Atemzugvolumen, AMV=Atemminutenvolumen

Grundsätzlich gilt, daß mit soviel Volumen beatmet wird, bis sich der Brustkorb sichtbar hebt.

**!**

Die Kreislauf- und Atmungskontrolle wird vom Helfer jede Minute durchgeführt (entspricht 10 Beatmungen). Nur so wird das Übersehen eines Kreislaufstillstandes verhindert.

**!**

Im besonderen ist die Gefahr der **Magenblähung** zu erwähnen.
Es kann dazu kommen, wenn:

- der Kopf zu wenig überstreckt wird
- mit zuviel Volumen bzw. zu hohem Druck beatmet wird (Kinder)
- die Atemspende zu schnell oder zu hektisch vollzogen wird
- die letzte Ausatmung nicht abgewartet wurde

Die Folge der Magenblähung kann passives Zurückfließen von Mageninhalt (=Regurgitation) oder aktives Erbrechen sein. Durch die nächste Beatmung kann es zur Aspiration kommen, was zur Verlegung der Atemwege führt und somit die Sauerstoffversorgung gefährdet. Eine weitere Folge ist die Aspirationspneumonie.

Sowohl die assistierte als auch die kontrollierte Beatmung können im Bett des Patienten durchgeführt werden. Sobald der zweite Helfer eintrifft, müssen dem Ersthelfer so schnell wie möglich der Beatmungsbeutel und der Notfallkoffer gebracht werden.

Der Erfolg der Maßnahmen läßt sich daran ablesen, daß der Patient seine normale Gesichtsfarbe zurückerhält und die Zyanose auch von Lippen, Schleimhaut und Akrenbereich verschwindet.

## Die Beutelbeatmung

Im Zuge einer kardio-pulmonalen Reanimation unter Zuhilfenahme eines Beutels, kann dies nur mit mindestens zwei Helfern durchgeführt werden. Ein Helfer führt die Herz-Druck-Massage durch, einer die Beutelbeatmung.

Für die Beutelbeatmung muß die richtige Maskengröße gewählt werden, um ein optimales Abdichten an Mund und Nase zu gewährleisten. Dann erfolgt das Zusammenstecken der Maske am Ventil des Beatmungsbeutels. (Der Beutel sollte stets mit einer Standardmaske verbunden sein.)

Bei falsch angewandter Beutelbeatmung ist die Gefahr der Magenblähung besonders groß.

Durchführung: Der beatmende Helfer ist am Kopf des Patienten, überstreckt diesen, zieht unter Zug den Unterkiefer nach oben und setzt mit dem C-Griff (Daumen und Zeigefinger) die Maske über Mund und Nase. Der Kopf kann zwischen den Oberschenkeln fixiert werden. Durch Zusammendrücken des Beutels, z.B. am Oberschenkel, wird die Beatmung durchgeführt. Das Beatmungsvolumen richtet sich nach dem Heben des Brustkorbes. Beim Erwachsenen hat man für jede Insufflation 1,5-2 Sekunden Zeit.

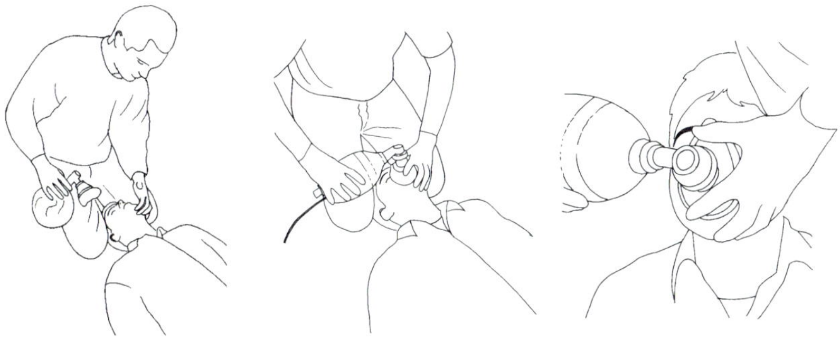

Die Erhöhung des Sauerstoffanteils in der Beatmungsluft kann über einen angeschlossenen Sauerstoffschlauch erreicht werden. Der Sauerstoffanteil bei verschiedenen Beatmungstypen ist in der folgenden Tabelle angeführt.

| **Beatmungstyp** | **Sauerstoffanteil** |
|---|---|
| Mund-zu-Mund (=Ausatmungsluft) | ca. 17 % |
| Maske-Beutel (=Raumluft) | ca. 21 % |
| Maske-Beutel und 6 l Sauerstoff | ca. 40 % |
| Maske-Beutel mit Reservoir und 8 l Sauerstoff | ca. 95 % |

Kontrollieren Sie:
- ständig, ob sich der Brustkorb bei jeder Beatmung hebt und senkt
- Beatmungsfrequenz und Beatmungsvolumen
- die vollständige Entfaltung des Beatmungsbeutels
- die Sauerstoffzufuhr
- regelmäßig den Kreislauf
- eine Abwehrhaltung des Patienten (Würgen)

## ▸ Pharyngealtuben

Der Pharyngealtubus wird verwendet, um die oberen Atemwege anatomisch freizuhalten. Er bietet keinen Aspirationsschutz, ist aber ein wichtiges Hilfsmittel bei der Beutelbeatmung. Die Verwendung des Pharyngealtubus obliegt dem Helfer.

### ▹ *Oropharyngealtubus (Guedel-Tubus)*

Der Guedel-Tubus wird durch den Mund eingeführt und eignet sich besonders gut nach der Entfernung von Vollprothesen, die Zunge vorne zu fixieren.

Durchführung: Der Guedel-Tubus wird um 180° verdreht in den Mund eingeführt. Oberhalb der Zunge wird er eingedreht, so daß die Zunge unter dem Tubus zu liegen kommt.

### ▹ *Nasopharyngealtubus (Wendl-Tubus)*

Der Wendl-Tubus wird durch die Nase eingeführt und bis in den Rachen vorgeschoben. Er wird oft besser und länger toleriert als der Guedel-Tubus.

Durchführung: Der Nasopharyngealtubus wird angefeuchtet und dann bei nach oben angehobener Nasenspitze rechtwinklig zum Gesicht in die Nase eingeführt. Wird ein Widerstand verspürt, wird das zweite Nasenloch verwendet. Er wird bis in den Rachenraum vorgeschoben.

## 2.2.5 Der Umgang mit Trachealkanülenträgern

Kanülenträger sind besonders anfällig für eine Verlegung der Atemwege und/oder Blutungen. Die Art der Kanüle (Metall oder Plastik) spielt bei den Notfallmaßnahmen keinerlei Rolle.

Hilfeleistung:
- Notarztindikation
- falls erforderlich, absaugen
- Sauerstoffanreicherung der Einatemluft, Maske in die Nähe des Tracheostomas halten (6 - 8 l/min)
- bei Bewußtlosigkeit stabile Seitenlage
- bei Atemstillstand Beatmung mit Beutel und Rendell-Baker-Maske über die Kanüle oder – wenn möglich – direkte Beatmung mit dem Beutel am Tracheostoma

**!** Steht kein Beutel zur Verfügung, wird die Mund-zu-Stoma-Beatmung durchgeführt.

Eine eventuell notwendige Herzdruckmassage ist wie bei anderen Patienten durchzuführen. Die Beatmung erfolgt über das Tracheostoma.

## 2.2.6 Die Herzdruckmassage

Der Beginn der Beatmung und der Herzdruckmassage muß in den ersten 3 - 4 Minuten nach Eintreten eines Kreislaufstillstandes erfolgen, um eine irreversible Schädigung des Gehirns zu vermeiden. In Abhängigkeit von der Patientenbeurteilung ist deshalb bei Bedarf unverzüglich mit der Reanimation zu beginnen.

▸ Auffinden des Druckpunktes

Der Helfer kniet rechts neben dem Patienten. Mit dem linken Zeige- und Mittelfinger fährt er entlang des Rippenbogens bis zur Vereinigungsstelle beider Rippenbögen. Der Mittelfinger liegt nun auf dem Brustbein. Kopfwärts legt er seinen rechten Handballen neben diesen Finger auf das Brustbein.

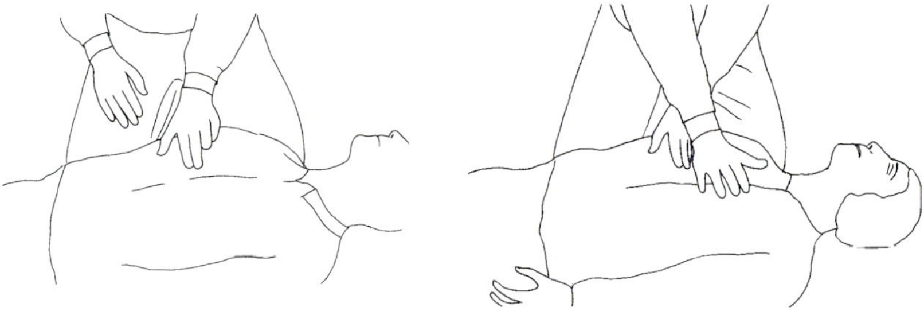

Die linke Hand legt er auf seine rechte, faßt die darunterliegende Hand durch die weggespreizten Finger (Beschränkung der Auflagefläche ausschließlich auf den Druckpunkt). Die Arme werden gestreckt, die Schultern befinden sich direkt über dem Druckpunkt. In dieser Stellung wir die Herzdruckmassage durchgeführt.

!

Die Hand darf während eines Zyklus nicht mehr vom Brustbein entfernt werden, da es ansonsten zu einer Verschiebung des Druckpunktes kommt.

Kniet der Helfer auf der linken Seite, erfolgt die Durchführung der Herzdruckmassage gegengleich.

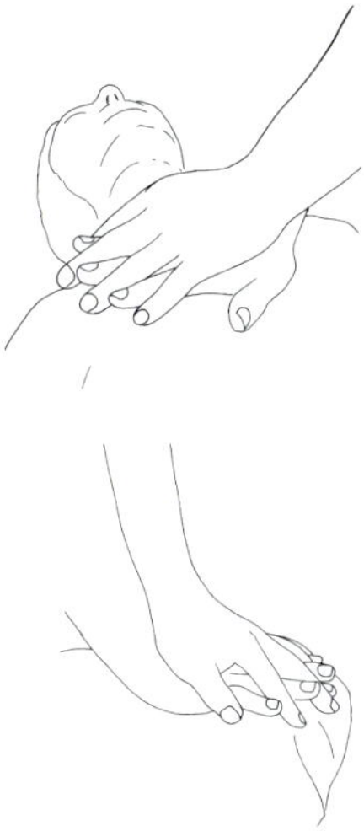

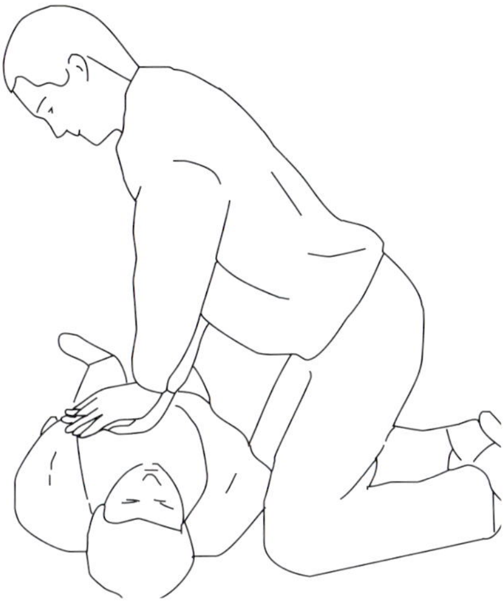

Die Druckfrequenz bei der Herzdruckmassage beträgt 100/min, die Eindrucktiefe 3 - 5 cm (ca. 25% des Oberkörperdurchmessers).

| **Methode** | **Beatmung** | **:** | **Herzdruckmassage** |
|---|---|---|---|
| Ein-Helfer-Methode | 2 | : | 15 |
| Zwei-Helfer-Methode | 1 | : | 5 |

**!**

Bei einem ungeübten Team spricht nichts dagegen, im Rhythmus der Ein-Helfer-Methode zu arbeiten. (Verhältnis 2:15)

Erfolgreiche kardio-pulmonale Reanimationsmaßnahmen (CPR-Maßnahmen) zeigen sich durch eine Normalisierung der Gesichtsfarbe und den Rückgang der Zyanose der Lippen, der Schleimhaut und der Akren.

Die Reanimationsmaßnahmen werden im Regelfall mindestens 30 Minuten lang durchgeführt. Der Abbruch ist eine ärztliche Entscheidung.

# 3 Die Arztassistenz

Die Arztassistenz umfaßt zwei Bereiche von Hilfestellungen, die dem Arzt einerseits dazu dienen, die Diagnose zu stellen und die Therapie einzuleiten (= Arztassistenz im weiteren Sinn). Andererseits sind damit die erweiterten Hilfsmaßnahmen (= „eigentliche" Arztassistenz) gemeint.

## 3.1 Die Arztassistenz im weiteren Sinn

Unter die Arztassistenz im weiteren Sinn fallen

- Fremdanamnese
- Symptomerfassung
- Vorbereitung der eigentlichen Arztassistenz

Daraus läßt sich ableiten, daß dieser Art der Assistenz eine zentrale Rolle zukommt. Sie dient dem Arzt dazu, die entsprechenden weiteren Schritte festzulegen und schafft die Voraussetzungen für die erweiterten Maßnahmen

!

Die Weitergabe der gemachten Wahrnehmungen durch den Helfer ist eine wichtige Grundlage für die Durchführung der erweiterten Reanimationsmaßnahmen. Sie muß Hand in Hand mit der eigentlichen Arztassistenz gehen.

## 3.2 Die „eigentliche“ Arztassistenz

Alle Maßnahmen, die im Beisein und unter Anleitung des Arztes getroffen werden, sind Teil der erweiterten lebensrettenden Maßnahmen

**!**

Es sei nochmals darauf hingewiesen, daß das Tragen von Handschuhen ein unerläßliches Muß bei allen Reanimationsmaßnahmen darstellt.

### 3.2.1 Der präkordiale Faustschlag

Der präkordiale Faustschlag steht an erster Stelle der erweiterten lebensrettenden Maßnahmen. Er kommt zum Einsatz, wenn sich bei einem EKG-überwachten Patienten eine defibrillationswürdige Rhythmusstörung (Kammerflimmern) einstellt und ein Defibrillator noch nicht gleich zur Verfügung steht.

### 3.2.2 Die endotracheale Intubation

Mit Hilfe eines Laryngoskops wird der vom Arzt ausgewählte Tubus in die Trachea vorgeschoben, um einen freien Zugang zu den Atemwegen (Bronchialsystem) sicherzustellen. Zusätzlich besteht bei Tracheal- und Combituben mit aufgeblasenem Cuff ein wirksamer Aspirationsschutz.

Für die endotracheale Intubation kommen in der Notfallmedizin der Endotrachealtubus und in Ausnahmefäallen der Combitubus zum Einsatz.

▸ Endotrachealtubus

Der Endotrachealtubus wird unter Verwendung eines Laryngoskops in die Trachea eingeführt. Er gewährleistet eine absolute Sicherung der Atemwege und bietet gleichzeitig einen Aspirationsschutz. Die Wahl der Tubusgröße richtet sich nach dem Patientenalter, -geschlecht und -gewicht.

Tubusgröße für Erwachsene:

| | Innendurchmesser |
|---|---|
| Frauen | 7 - 7,5 mm |
| Männer | 8 - 8,5 mm |

▸ Combitubus

Der Combitubus besitzt ein doppeltes Lumen und zwei blockbare Cuffs. Er wird blind ohne Laryngoskop durch den Mund entweder bis in den Ösophagus oder in die Trachea eingeführt und kann durch entsprechendes Blocken unter Auskultationskontrolle eine ausreichende Beatmung sicherstellen.

**!** Nur geblockte Endotrachealtuben und Combituben bieten einen Aspirationsschutz, nicht aber Pharyngealtuben bzw. Larynxmasken.

▸ Die Durchführung der endotrachealen Intubation

Vorbereitung:
- Laryngoskop
- Endotrachealtubus mit Mandrin (Führungsdraht)
- Silikonspray für den Tubus
- mit Luft gefüllte 10 ml-Spritze zum Blocken des Cuffs
- Leukosilk, Mullbinde oder Tubusfixationssystem zum Befestigen des Tubus im Mundwinkel
- Beatmungsbeutel mit $O_2$-Reservoir, Sauerstoff
- Stethoskop (zur Lagekontrolle des Tubus)
- Absauggerät mit Absaugkatheter (weich / hart)
- Magill-Zange bei Fremdkörperaspiration und Nasotrachealintubation
- Beißschutz (z.B. Guedel-Tubus)

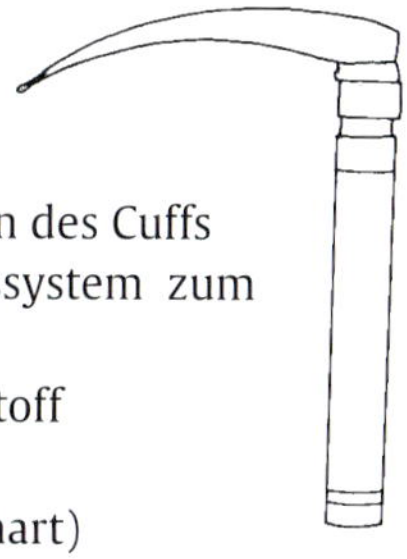

Durchführung:

Der Arzt übernimmt mit dem Beatmungsbeutel die Beatmung des Patienten. Der Helfer schiebt den silikonisierten Mandrin bis kurz vor das Tubenende. Der Mandrin wird durch doppeltes Knicken am Konnektor gesichert. Jetzt sprüht er das Silikonspray auf das untere Drittel des Tubus.

**!** Das Silikonspray wegen der Rutschgefahr nicht über dem Boden aufsprühen.

Dem Arzt wird das aufgeklappte Laryngoskop und der Tubus gereicht. Auf seine Anordnung hin wird die Herzdruckmassage unterbrochen. Wiederum auf Anordnung überreicht der Helfer dem Arzt den silikonisierten Tubus, welcher nun vom Arzt eingeführt wird.

!

Zur Erleichterung der Intubation wendet der Helfer den **Sellick'schen Handgriff** (Krikoiddruck) auf Anweisung des Arztes an. Durch Niederdrücken des Kehlkopfes wird einerseits eine Positionierung der Stimmritze und damit eine Erleichterung der Intubation ermöglicht, andererseits kommt es zu einem teilweisen Verschluß der Speiseröhre.

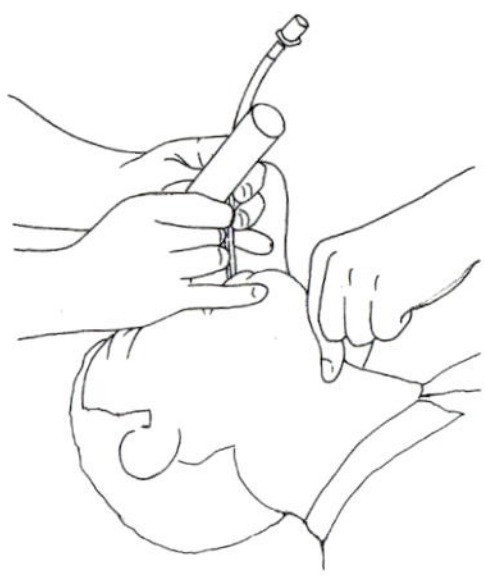

Nach erfolgreichem Einführen des Tubus setzt der Helfer die leere, mit Luft aufgezogene Spritze auf die Leitung zum Cuff und blockt – wiederum auf Anordnung – den Tubus bis der äußere sichtbare Ballon prall gefüllt ist. Jetzt zieht der Arzt den Mandrin heraus. Der Helfer trennt die Maske vom Ventil des Beatmungsbeutels ab und steckt den Beutel auf den Tubus. Mit dem Stethoskop kontrolliert der Arzt bei gleichzeitiger Insufflation dessen Lage.

Bei richtiger Lage fixiert der Helfer den Tubus mit Leukosilk, einer Tubenfixation oder einer Mullbinde im Mundwinkel und übernimmt die Beatmung.

Leukosilk

Tubenfixation

Mullbinde

Zu beachten:

- Die Magill-Zange wird benötigt, wenn ein Fremdkörper aus dem Rachenraum zu entfernen ist oder wenn über die Nase intubiert wird.
- Bei der Fixation mit einer Mullbinde muß diese mit einem kurzen Pflaster am Tubus rutschfest befestigt werden.
- Absaugen, falls erforderlich (Absaugkatheter mit nur einer peripheren Saugöffnung sollten nicht verwendet werden!)

### 3.2.3 Der i. v. - Zugang

▸ Legen einer peripheren Leitung

Mittels einer Venenverweilkanüle wird ein Zugang zum venösen Gefäßsystem gelegt, über welchen Infusionen oder Medikamente verabreicht werden

Lokalisation: Handrücken, Ellenbeuge, Hals, u. a.

Vorbereitung:
- venöse Verweilkanüle
- Alkohol / Desinfektionstupfer
- Stauschlauch oder Blutdruckmanschette
- Leukosilk oder Fixierpflaster
- Infusion (Ringer-Laktat, Elohäst, NaCl)
- Notfallmedikamente

Die Auswahl der venösen Verweilkanüle richtet sich nach verschiedenen Faktoren. Das Alter des Patienten und die gewünschte Durchflußrate sind die beiden wichtigsten. Die Durchflußrate wiederum hängt vom Durchmesser (wichtigster Faktor), von der Länge, der Druckdifferenz und der Viskosität der Flüssigkeit ab. Eine Farbkodierung unter Berücksichtigung all dieser Faktoren erleichtert im Notfall die richtige Wahl.

| **Farbe** | **Innen-durchmesser in mm** | **Durchfluß in ml/min** | **Anwendung** |
|---|---|---|---|
| hellgelb | 0,6 | 13 | Neugeborene, Säuglinge |
| blau | 0,8 | 31 | Kleinkinder |
| rosa | 1,0 | 54 | Erwachsene |
| grün | 1,2 | 80 | Erwachsene |
| weiß | 1,4 | 125 | zur Volumensubstitution |
| grau | 1,7 | 180 | zur Volumensubstitution |
| orange | 2,0 | 270 | zur Volumensubstitution |

Durchführung:

Fünf Streifen Leukosilk zum Befestigen der Verweilkanüle und eine Infusion werden vom Helfer vorbereitet. Dem Arzt werden der Stauschlauch (oder das Stauband) und Alkoholtupfer gereicht. Nach Reinigung der Punktionsstelle reicht ihm der Helfer steril die Verweilkanüle in der Verpackung. Nachdem der Arzt die Vene punktiert hat, zieht er die Führungsnadel heraus und steckt diese in den Nadelbehälter. Der Helfer nimmt die Schutzkappe vom Anschlußstück der Infusionsleitung ab und reicht die Leitung dem Arzt. Nach Aufdrehen des Durchflußreglers zeigt sich, ob sie richtig liegt. Wenn nicht, kann die Kanüle der Gefäßwand an oder außerhalb der Vene liegen. Bei richtiger Lage wird die Kanüle mit einem Fixierpflaster oder den vorbereiteten Leukosilkstreifen fixiert, und zwar direkt über der Einstichstelle, links und rechts über den Flügeln der Verweilkanüle sowie über dem Anschlußstück der Infusionsleitung (4 Streifen). Als zusätzliche Sicherung wird mit dem Ende des Infusionsschlauches eine Schleife gelegt und mit dem fünften Leukosilkstreifen fixiert.

## ▸ Legen einer zentralen Leitung

Eine zentrale Leitung wird in klappenlose, großlumige, herznahe Venen gelegt. Dies ist erforderlich, wenn keine periphere Leitung mehr gelegt werden kann (schwerer Schock), der zentrale Venendruck gemessen werden soll oder wenn Medikamente appliziert werden sollen, welche die peripheren Gefäße schädigen. Ebenso aber auch zur massiven Volumensubstitution und Ernährung.

**!** Beim Legen eines zentralen Zuganges ist eine routinierte Assistenz von enormer Wichtigkeit (hochsteriles Arbeiten, Infektionsgefahr!)

Lokalisation: V. subclavia, V. jugularis, V. femoralis (Ausnahme)

Vorbereitung:
- Punktionsset
- Alkohol / Desinfektionstupfer
- sterile Einmalhandschuhe
- sterile Abdecktücher
- Skalpell
- Lokalanästhetikum mit Spritze und Nadel
- sterile Spritze und Nadel mit NaCl-Ampulle
- 2-3 Dreiweghähne

Vorbereitung: (Fortsetzung)
- Dreiweghähne
- Nahtmaterial zur Fixierung
- Verbandsmaterial
- Infusion (Ringer-Laktat, Elohäst, NaCl)
- Notfallmedikamente

Durchführung:

Das Hautareal wird mit ausreichendem Sicherheitsabstand zur Punktionsstelle mehrfach desinfiziert und mit sterilen Tüchern abgedeckt. Dabei trägt der Arzt sterile Handschuhe. Bei Bedarf kann jetzt eine Lokalanästhesie erfolgen. Dazu wird dem Arzt die Spritze mit dem Lokalanästhetikum seiner Wahl steril überreicht. Nach Eintritt der Wirkung erfolgt die Punktion.
Unter Achtung auf höchste Sterilität wird das benötigte Punktionsset geöffnet und auf einen speziellen, steril abgedeckten Tisch gekippt. Der Arzt bereitet das Punktionsset vor und führt die Punktion durch. In der Zwischenzeit bereitet der Helfer die NaCl-Ampulle vor. Die gereichte sterile Spritze zieht der Arzt zur Hälfte mit Kochsalzlösung auf. Die richtige Lage des Katheters wird durch Blutaspiration mit der aufgezogenen Spritze und später durch ein zusätzliches Thoraxröntgen geprüft. Der Katheter wird mittels Naht fixiert und steril verbunden. Nun kann ein Dreiweghahn steril angesteckt werden, die Leitung wird mit Kochsalzlösung gespült oder es wird eine Infusion angehängt.

**!**

Das Thoraxröntgen gibt zusätzlich zur Lage der zentralen Leitung auch Hinweise auf ein eventuelles Leck und auf einen Pneumothorax.

### 3.2.4 Der Umgang mit Notfallmedikamenten

Bei Ampullen und Infusionen können folgende Veränderungen auftreten:

- Farbveränderungen
- Trübungen
- Auskristallisation
- nicht mehr aufschüttelbare Sedimente in Lösungen
- mechanische Schädigungen
- Ablösung/Unkenntlichkeit des Etiketts
- Überschreitung des Ablaufdatums

!

Ampullen und Infusionen mit den oben beschriebenen Veränderungen dürfen nicht mehr verwendet werden!

▸ Das Aufziehen einer Ampulle

Vorbereitung:
- Ampulle
- sterile Spritze
- gelbe Nadel

Durchführung:

Die Injektionslösung wird auf die oben angeführten Veränderungen kontrolliert. Befindet sich im Ampullenkopf Flüssigkeit, wird diese durch Drehen oder Klopfen entfernt. Anschließend wird der Farbpunkt gesucht. Mit Hilfe eines Tupfers (Vermeidung einer Verletzung) wird diese vom Punkt weg aufgebrochen.

Spritze und Kanüle (gelb, 0,1 mm) sind steril zu öffnen und zusammenzustecken. Die Injektionslösung wird mittels Spritze aus der Ampulle aufgezogen. Das Ampullenetikett oder die leere Ampulle wird mit einem Leukosilkstreifen an der Spritze festgeklebt. Alternativ kann die Spritze mit einem wasserunlöslichen Fettstift beschriftet werden. Die so präparierte Spritze wird dem Arzt gereicht.

### ▸ Vorbereitung einer Infusion

Vorbereitung:
- Infusionslösung
- Infusionsbesteck

Durchführung:

Die Schutzkappe der Infusionslösung wird entfernt. Das Infusionsbesteck wird aus der Verpackung genommen, der Durchflußregler wird geschlossen. Nach Entfernen der Dornschutzkappe wird der Dorn unter Drehen in die Infusionsflasche gedrückt. Die Tropfkammer wird durch Zusammendrücken bis mindestens zur Hälfte gefüllt, der Luftfilter und der Durchflußregler am Infusionsbesteck geöffnet. Das Schlauchsystem wird bis zum Anschlußstück mit Infusionslösung gefüllt. Der Durchflußregler wird wieder geschlossen und die Infusionslösung griffbereit aufgehängt.

**!**

Wird ein Medikament in die Infusion gespritzt, muß dies mit einem Fettstift auf der Infusionsflasche vermerkt werden.

Eine Aufstellung der wichtigsten Notfallmedikamente finden Sie auf Seite 106f.

### 3.2.5 Die konventionelle Defibrillation

Unter Defibrillation versteht man die Abgabe eines Stromimpulses (Dauer: 8-40 msec) zur Therapie von Kammerflimmern und pulsloser Kammertachykardie. Zweck ist die gleichzeitige Depolarisation einer möglichst großen Zahl von Herzmuskelzellen. Dadurch wird eine Spontanaktion eines Impulsgebers (Sinusknoten, AV-Knoten, Purkinje-Fasern) ermöglicht.

▸ Lage der Defibrillatorelektroden (Paddles):

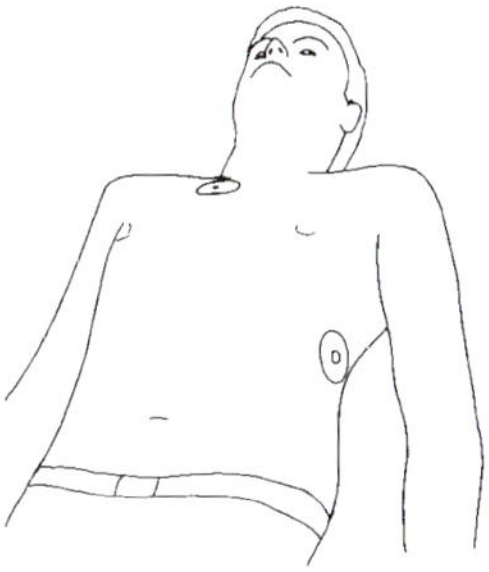

1. Paddel: unter dem rechten Schlüsselbein neben dem Brustbein

2. Paddel: unter der linken Brustwarze in der vorderen bis mittleren Axillarlinie

Die Durchmesser der Paddels soll bei Erwachsenen ca. 12,5 cm, bei Kindern bis 10 Jahren ca. 6 cm betragen.

**!**

Alternativ können die Paddles auf der Brust über dem Herzen und auf dem Rücken plaziert werden.

Energievorgabe:

| | 1. Durchgang | 2. Durchgang |
|---|---|---|
| Erwachsene | 200-200-360 J | 360-360-360 J |
| Kinder | 2-2-4 J/kg | 4-4-4 J/kg |

Durchführung:

Zur Defibrillation werden Paddels oder große Klebeelektroden verwendet. Auf die Paddels wird ein Kontaktgel aufgebracht, um den transthorakalen Widerstand zu reduzieren. Alternativ zum Gel können Alupads verwendet werden. Auf Anweisung des Arztes wird die Energie (Joule) am Defibrillator (asynchroner Modus) gewählt und das Gerät geladen. Ist dies geschehen, wird es dem Arzt gemeldet, z.B. „200 Joule aufgeladen“. Der Helfer setzt wiederum auf Anweisung die Paddels auf. Auf Kommando „alles weg“ wird der Patient losgelassen, der Helfer drückt die Paddels fest (mit ca. 10 kp) gegen den Brustkorb und beginnt mit dem 1. Durchgang (3 Defibrillationen innerhalb von ca. 60 Sekunden).

**!**

Defibrillatoren entladen sich selbst nach 5-30 Sekunden (geräteabhängig).

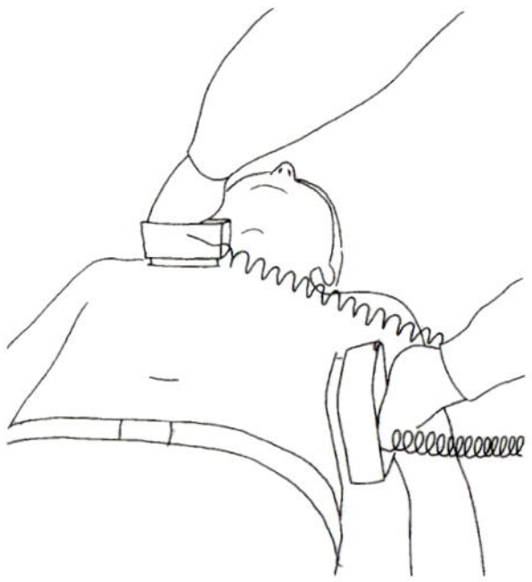

Der Patient sollte sich während der Defibrillation in Exspirationsstellung befinden.

Nach jeder Defibrillation erfolgt eine Monitorkontrolle, nach jedem Durchgang (= Zyklus mit 3 Defibrillationen) erfolgt eine Monitor- und Kreislaufkontrolle (Monitoring, Halsschlagader). Wurde kein Erfolg erzielt, wird so lange mit einer Energie von 360 J fortgefahren, bis kein Kammerflimmern mehr besteht.

Jeder Zyklus mit 3 Defibrillationen soll innerhalb von 60 Sekunden abgeschlossen sein. Nach jeder Defibrillation während eines Zyklus wird sofort wieder geladen. Die Pause zwischen den einzelnen Zyklen beträgt 60 Sekunden. Während dieser Pause wird die Herzdruckmassage durchgeführt. Zusätzlich wird in dieser Zeit ein i.v.-Zugang gelegt, Medikamente werden appliziert oder der Patient wird intubiert.

**!**

Bei therapieresistentem Kammerflimmern sind drei Alternativen zu erwägen: 1. ein Positionswechsel der Paddles, 2. ein Ändern der Energie und 3. der Einsatz eines Schrittmachers.

### 3.2.6 Die Defibrillation mit halbautomatischen Defibrillatoren

Die Therapie der Wahl beim Kammerflimmern ist die Defibrillation. Mit halbautmatischen, kostengünstigen Defibrillatoren wird dem Anwender die Diagnose und Entscheidungszeit abgenommen bzw. verkürzt. Halbautomatische Defibrillatoren haben höhere Genauigkeit und Sicherheit. Sie erkennen defibrillationswürdige Rhythmen selbst und fordern zur Defibrillation auf.

In vielen Ländern sind halbautomatische Defibrillatoren für den Einsatz von Nicht-Ärzten (Sanitäter, Pflegepersonal, eingeschulte Laien) zugelassen.

!

Jede Minute, die ein Patient mit Kammerflimmern nicht defibrilliert wird, verschlechtert seine Überlebenschance um 7-10 %.

Sollte die Zeit bis zum Eintreffen eines Herzalarmteams mit manuellem Defibrillator länger als 4 Minuten sein, so profitiert – auch in Krankenhäusern – der Patient durch den Einsatz von Halbautomaten deutlich.

Durchführung:

Die Klebeelektroden werden wie bei der konventionellen Defibrillation aufgebracht. Dann wird das Gerät eingeschaltet. Das Gerät lotst den Anwender durch den Ablauf der Defibrillation. Entweder analysiert das Gerät automatisch oder ein Analyseknopf muß gedrückt werden. Erkennt das Gerät einen defibrillationswürdigen Rhythmus, läd es sich auf und gibt akustisch und visuell den Befehl zur Defibrillation. Durch Knopfdruck am Gerät wird der Schock ausgelöst.

!

Die Frühdefibrillation erfordert eine genaue, intensive Ausbildung. Die Genehmigung dazu sollte nur personenbezogen ausgesprochen und jedes halbe Jahr neu erworben werden.

# Der Notfall beim Kind


*1 Der Notfallablauf beim Kind* ........ 65

*2 Die Beurteilung des Kindes* ........ 69

*3 Erweiterte Reanimationsmaßnahmen* ........ 85

# 1 Der Notfallablauf beim Kind

In diesem Abschnitt werden nur jene Teile des Notfallablaufes erläutert, die sich von denen bei Erwachsenen unterscheiden. Die Kenntnis des Notfallablaufes beim Erwachsenen wird vorausgesetzt.

Vor der Schilderung des Notfallablaufes sollen noch einige allgemeine Aspekte erläutert werden.

In der **Pädiatrie** werden Kinder aufgrund ihres Alters in vier Gruppen eingeteilt:

| | |
|---|---|
| • Neugeborene | Geburt bis Ende 1. Lebensmonat |
| • Säuglinge | Ende 1. Lebensmonat bis Ende 1. Lebensjahr |
| • Kleinkinder | Ende 1. Lebensjahr bis Schuleintritt |
| • Kinder | ab Schuleintritt bis 14. Lebensjahr |

In der **Notfallmedizin** wird von dieser Einteilung abgewichen. Kinder werden in zwei große Gruppen eingeteilt:

| | |
|---|---|
| • Kleinkinder | Geburt bis Ende 1. Lebensjahr |
| • Kinder | Ende 1. Lebensjahr bis Ende 8. Lebensjahr |

Die notfallmedizinische Versorgung von *Neugeborenen direkt nach der Geburt* darf nur von speziell ausgebildeten Helfern und Ärzten durchgeführt werden. Danach werden Neugeborene wie Kleinkinder behandelt.

*Kinder über dem 8. Lebensjahr* werden in Abhängigkeit von ihrem Körperstatus entweder als Kinder oder als Erwachsene behandelt.

Im folgenden verwenden wir den Begriff „Kind“ für alle allgemeingültigen Richtlinien; falls erforderlich, wird zwischen Kleinkind und Kind unterschieden. Die Reanimation des Neugeborenen bei der Geburt wird auf Seite 81f gesondert erklärt.

Vor Beginn der Besprechung des Notfallablaufes soll Ihr Wissen über Atem- und Herzfrequenz aufgefrischt werden.

▸ Atemfrequenz

| | f (pro min) | AZV (in ml) |
|---|---|---|
| Neugeborenes | 40-60 | 20-35 |
| Säugling | 20-40 | 20-60 |
| Kleinkind | 30-40 | 150-200 |
| Kind | 20-30 | 300-400 |
| Jugendlicher | 16-20 | 300-500 |
| Erwachsener | 12-16 | 500-1000 |

f=Atemfrequenz, AZV=Atemzugvolumen

Als Richtwert für das Atemzugvolumen gilt generell:

7-10 ml/kg Körpergewicht

▸ Herzfrequenz

| | f (pro min) | RR (mmHg) |
|---|---|---|
| Neugeborenes | 120-130 | 80/40 |
| Säugling | 120 | 100/70 |
| Kleinkind | 100 | 100/70 |
| Kind | 80 | 110/60 |
| Jugendlicher | 80 | 110/70 |
| Erwachsener | 80 | 120/80 |

f=Herzfrequenz, RR=systolischer/diastolischer Blutdruckwert

## 1.1 Der Notfallablauf im Detail

Der Notfallablauf beim Kind unterscheidet sich nicht grundlegend vom Ablauf beim Erwachsenen. Nur die Bergung/Rettung des Kindes und der Zeitpunkt des Notrufes heben sich von denen des Erwachsenen etwas ab.

### 1.1.1 Die Bergung / Rettung

Nachdem die Notfallsituation erkannt und eventuelle Gefahrenquellen ausgeschaltet wurden, wird das Kind in eine gute Untersuchungsposition gebracht. Die Wahl dieser Position hängt dabei von Alter und Körperbau ab.

Mögliche Positionen für

- Kleinkinder: Tisch, Wickeltisch, Bett
- Kinder: Bett, Untersuchungsliege, Boden

**!**

Bei Verdacht auf Verletzungen der Wirbelsäule ist jede unnötige Manipulation zu unterlassen!

### 1.1.2 Die Seitenlagerung des Kindes

Ein bewußtloses Kind soll wie auch der bewußtlose Erwachsene immer in Seitenlage gebracht werden, damit es zu keiner Verlegung der Atemwege durch die zurückfallende Zunge kommt. Zusätzlich wird mit dieser Lagerung das Risiko der Aspiration von Mageninhalt vermindert.

Eine Vielzahl verschiedenster Seitenlagerungen ist bekannt. Welche gewählt wird, ist von untergeordneter Bedeutung, solange die folgenden Kriterien beachtet werden:

- Sicherung der freien Atemwege
- stabile Seitenlagerung (evtl. abstützen mit einem Polster oder einer Decke), Kleinkinder können auch in eine Bauch-Seitenlage gebracht werden
- vermeiden jeglichen Druckes auf den Brustkorb
- ermöglichen von guter Einsicht und leichtem Zugang zu den Atemwegen
- einfach durchführbare Umlagerung, falls der Patient reanimationspflichtig wird

### 1.1.3 Der Zeitpunkt des Notrufes

Bei Anwesenheit eines Helfers muß bei Bedarf sofort für mindestens eine Minute mit der kardiopulmonalen Reanimation begonnen werden. Erst dann wird der Notruf abgesetzt.

Sind mehrere Helfer anwesend, beginnt einer mit der Beurteilung des Kindes und evtl. auch mit der kardiopulmonalen Reanimation, während ein anderer Helfer Hilfe holt.

> **!** Viele Notfälle im Kindesalter werden durch eine Behinderung der Atmung verursacht. Aufgrund der geringen kindlichen Toleranz eines Sauerstoffdefizits muß sofort mit der Atemspende mit bzw. ohne Herzdruckmassage begonnen werden.

# 2 Die Beurteilung des Kindes

Aufgrund der unterschiedliche körperlichen Konstitution gibt es einige Abweichungen bei der Durchführung der Beurteilung beim Kind.

## 2.1 Graphische Darstellung der Beurteilung des Kindes

Die graphische Darstellung gilt für Kleinkinder und Kinder bis 8 Jahren. Nur die Abweichungen werden farblich hervorgehoben.

### 2.1.1 Die Schwerpunkte der Beurteilung des Kindes

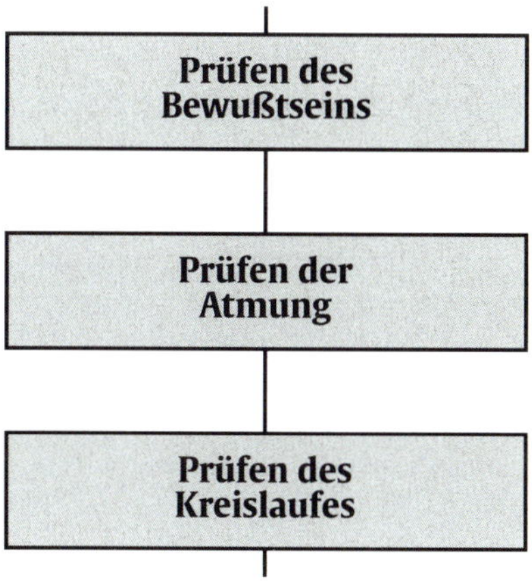

## 2.1.2 Die Beurteilung des Kindes

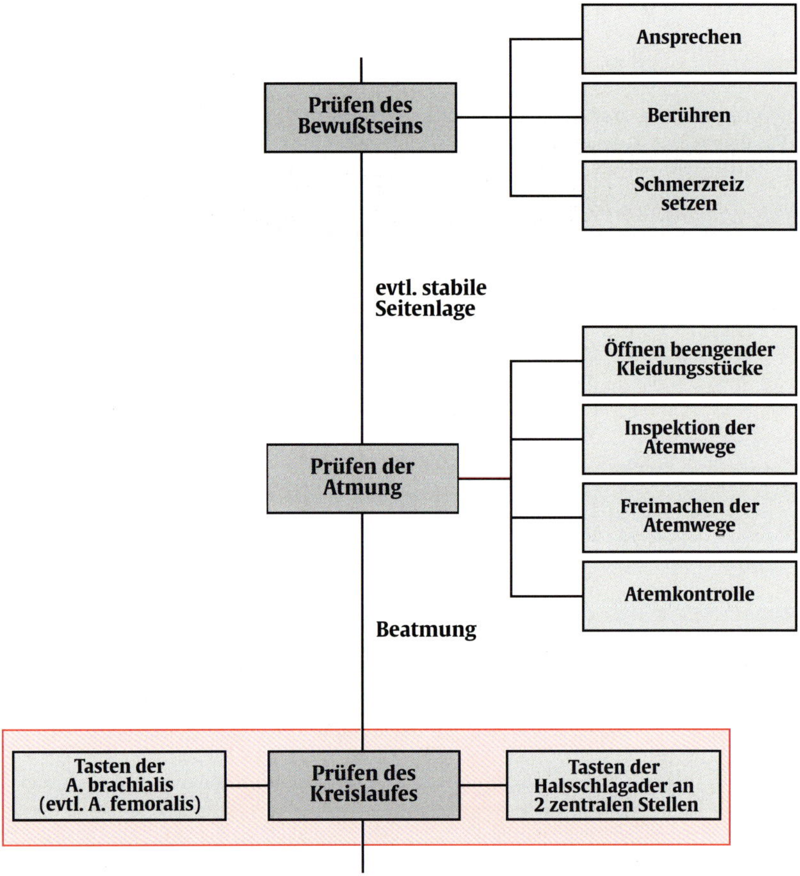

## 2.1.3 Die Sofortmaßnahmen

- Maßnahmen bei vorhandenem Bewußtsein

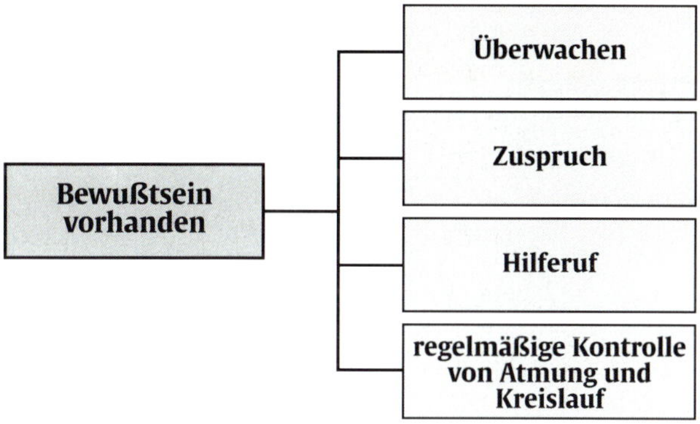


- Maßnahmen bei fehlendem Bewußtsein

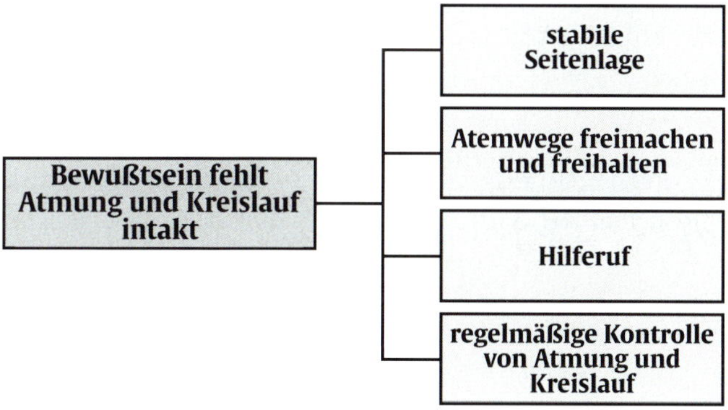

▶ Maßnahmen bei fehlendem Bewußtsein und fehlender Atmung

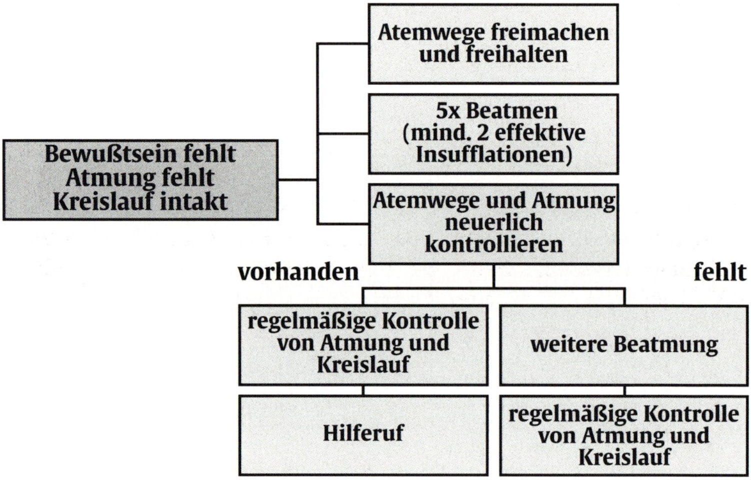


▶ Maßnahmen bei Fehlen von Bewußtsein, Atmung und Kreislauf

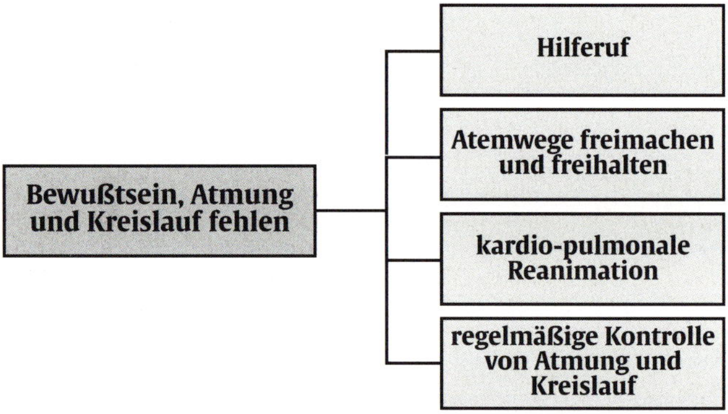

## 2.2 Die Beurteilung des Kindes im Detail

Die Anwendung der Beurteilung des Kindes erfordert ausreichendes Wissen und vor allem auch Übung. Das Wissen finden Sie auf den folgenden Seiten, bei der Umsetzung kann es jedoch nur als Leitfaden dienen.

### 2.2.1 Prüfen von Bewußtsein, Atmung und Kreislauf

Wie beim Erwachsenen steht auch am Anfang der Beurteilung des Kindes die Prüfung von Bewußtsein, Atmung und Kreislauf. Es gibt jedoch einige wichtige Abweichungen zwischen den Erwachsenen auf der einen und dem Kleinkind und Kind auf der anderen Seite.

▸ Prüfen des Bewußtseins

- Ansprechen (laut und deutlich):
  Reagiert das Kind auf akustische Reize?

- Berühren (am Oberarm, evtl. leichtes Schütteln):
  Reagiert das Kind auf mechanische Reize?

- Schmerzreiz setzen (Innenseite Oberarm):
  Reagiert das Kind auf den gesetzten Schmerzreiz?

An dieser Stelle erfolgt bei zwei anwesenden Helfern der Hilferuf. Ist nur ein Helfer zur Stelle, wird sofort für ca. eine Minute mit der Reanimation begonnen. Erst dann wird der Hilferuf abgesetzt.

**!**

Die häufigste Ursache für den Tod eines Kindes ist die Verlegung der Atemwege. Nur zweitrangig ist ein primärer Kreislaufstillstand. Beim Erwachsenen ist dies umgekehrt.

▸ Prüfen der Atmung

Das Prüfen der Atemwege beinhaltet das Öffnen beengender Kleidungsstücke, die Inspektion und das Freimachen der Atemwege sowie die Atemkontrolle.

▹ *Öffnen beengender Kleidungsstücke*
Strampelhose, Jäckchen, Hemdchen, Pullover

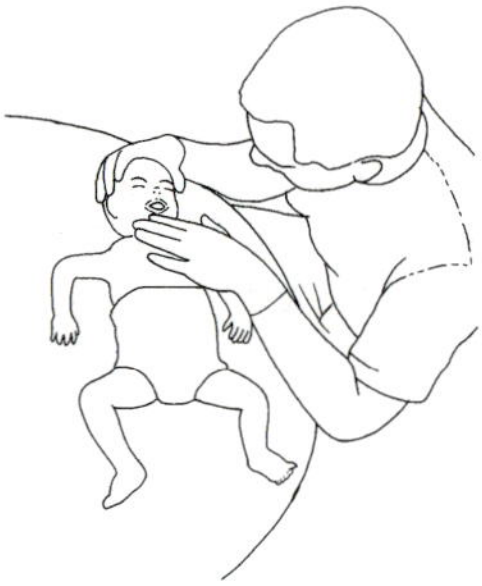

▹ *Inspektion der Mundhöhle*
Der Kopf des Kindes wird mit einer Hand an der Stirn fixiert, mit dem Ring- und Mittelfinger der anderen wird das Kinn Richtung Brust bewegt.

**!**

Der Kopf des Kleinkindes wird nicht überstreckt, einzig der Unterkiefer wird an der Hautfalte nach vorne gezogen. Ein Überstrecken des Kopfes hat ebenso wie das Eindrücken der Weichteile am Unterkiefer des Kindes aufgrund der anatomischen Verhältnisse zur Folge, daß die Atemwege ein geengt werden.

▹ *Freimachen der Atemwege*
Bei Kindern kommt es durch deren „oralen Erforschungsdrang" oder durch das Einführen von Gegenständen in die Nase oft zur Verlegung der Atemwege mit Fremdkörpern (Legosteine, Knöpfe, Erbsen, Erdnüsse, etc.). Aber auch Erbrochenes kann vor allem bei Kleinkindern zu einer Verlegung der Atemwege führen.

• Mechanisches Freimachen der Atemwege

*Bei sichtbarer Verlegung durch einen Fremdkörper:*
Sollte es möglich sein, wird der Fremdkörper mit zwei Fingern oder einer Magill-Zange bei stabilisiertem Kopf in Rückenlage entfernt. Besteht keine Möglichkeit, wird es in Seitenlage versucht.

Bei Verlegung durch einen Fremdkörper kann eine falsche Manipulation dazu führen, daß der Fremdkörper noch tiefer eindringt. Deswegen ist äußerste Vorsicht geboten. Im Zweifelsfall soll die Entfernung durch den Arzt erfolgen.

*Bei sichtbarer Verlegung durch Blut, Erbrochenes, etc.:*
Das Kind wird bei stabilisiertem Kopf mit dem Körper auf die Seite gedreht. Mit dem kleinen Finger werden Mund- und Rachenraum ausgeräumt.

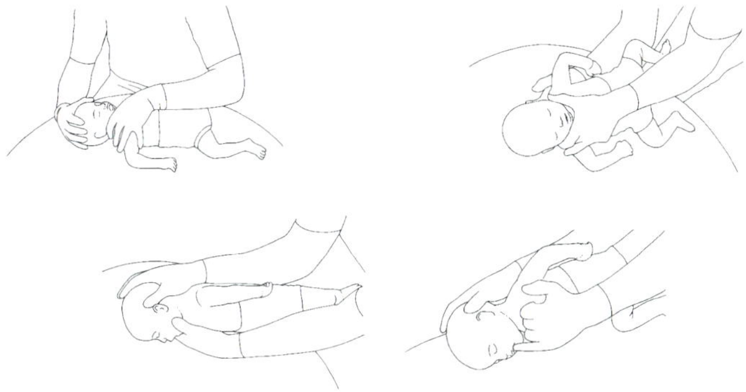

Besser wäre das Absaugen der Mundhöhle und des Rachenraumes. Es erfordert allerdings das Vorhandensein eines Absauggerätes.

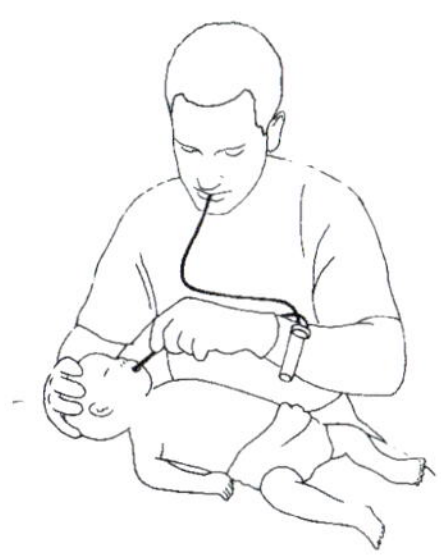

*Bei Verdacht auf Atemwegsobstruktion:*
Zur Feststellung einer Atemwegsobstruktion sind folgende Beobachtungen hilfreich:

- Bewegung von Brustkorb und Bauch ohne erkennbare Luftbewegung
- Einziehungen zwischen den Rippen und in der Drosselgrube
- Überblähung des Brustkorbes bei fehlender Ausatmung (Ventilmechanismus)

Maßnahmen bei **Kleinkindern** (lt. ERC)

Das Kind liegt in Bauchlage am Unterarm oder auf den Beinen des Helfers.

- 5 leichte Schläge zwischen die Schulterblätter des Kleinkindes, wobei der Kopf der tiefste Punkt ist
- Einsehen des Mundes
- Freimachen der Atemwege
- 5 Beatmungen

Dieser Ablauf wird bis zur Einstellung eines Erfolges wiederholt.

Maßnahmen bei **Kindern** (lt. ERC)

Das Kind liegt in Bauchlage auf den Beinen des Helfers oder auf einer Unterlage (Tisch, Liege).

- 5 leichte Schläge zwischen die Schulterblätter (Kopf ist tiefster Punkt)
- 5 Kompressionen des Brustbeins in Supinationshaltung des Kindes (Kopf ist tiefster Punkt; nur beim ersten Zyklus)
- Einsehen des Mundes
- Freimachen der Atemwege
- 5 Beatmungen

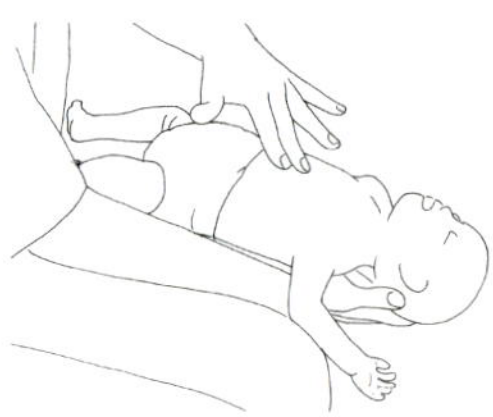

Ab dem 2. Zyklus:

- 5 leichte Schläge zwischen die Schulterblätter (Kopf ist tiefster Punkt)
- Anwenden des Heimlich-Handgriffes (s.S. 25) bei Bewußtsein des Kindes in Sitzposition, bei fehlendem Bewußtsein in liegender Position
- Einsehen des Mundes
- Freimachen der Atemwege
- 5 Beatmungen

Dieser Ablauf wird bis zur Einstellung eines Erfolges wiederholt.

- Anatomisches Freimachen der Atemwege:

Der Kopf des Säuglings wird mit einer Hand fixiert. Dann wird die Hautfalte unter dem Kinn genommen und nach oben gezogen. (Der Kopf des Säuglings wird nicht oder nur geringfügig überstreckt !)

▹ *Atemkontrolle*

- Sehen, ob sich der Brustkorb hebt und senkt
- Hören, ob eine Atemgeräusch wahrnehmbar ist
- Fühlen der Ausatemluft an der Wange

Falls keine Atmung und keine Verlegung der Atemwege festgestellt werden kann, wird sofort 5x beatmet. Eine Insufflation sollte zirka 1 - 1 1/2 Sekunden dauern. Als sichtbares Zeichen des Erfolges ist das Heben und Senken des Brustkorbes zu werten. Dies ist gleichzeitig auch ein Richtwert für das Insufflationsvolumen.

**!**

Von fünf Beatmungen sollten mindestens zwei erfolgreich sein.

Die Durchführung der Beatmung erfolgt bei **Kleinkindern** von Mund zu Mund und Nase, bei **Kindern** von Mund zu Mund.

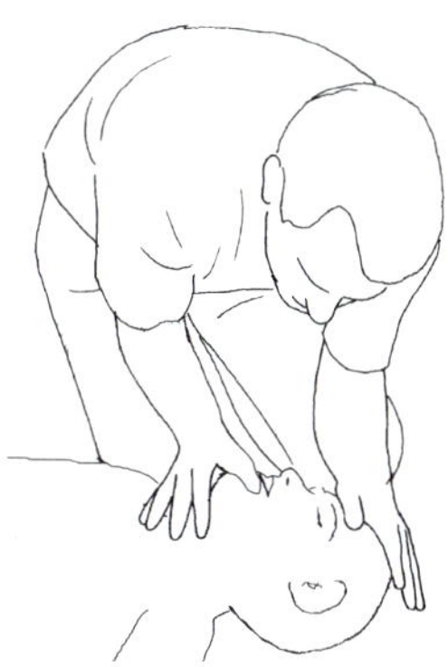

Kleinkind: Mund zu Mund und Nase

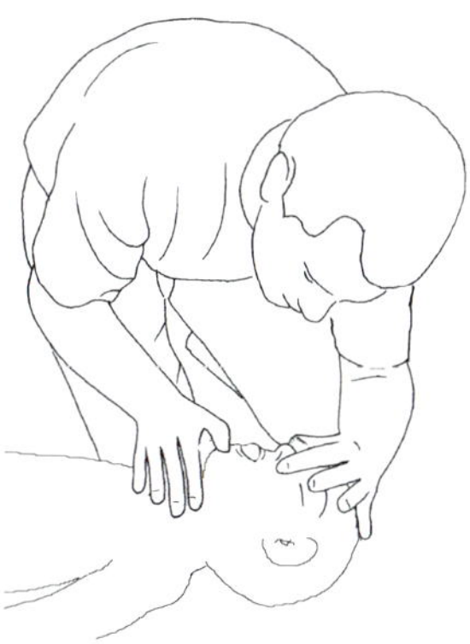

Kind: Mund zu Mund

▸ Prüfen des Kreislaufes

Bei **Kleinkindern** wird der Puls bei abduziertem Arm an der Armarterie (A. brachialis; Mitte der Innenseite des Oberarmes), alternativ an der Beinarterie (A. femoralis). Bei **Kindern** wird wie bei Erwachsenen die Halsschlagader (A. carotis) getastet.

> **!**
>
> Bei Kleinkindern ist der Hals zu kurz, um die Halsschlagader zu tasten.
>
> Das Prüfen des Pulses sollte 10 Sekunden nicht überschreiten!

Während der Prüfung des Kreislaufes sollte ständig beobachtet werden, ob sich das Kind bewegt, ob es schluckt oder atmet.

Wird mit Sicherheit eine Zirkulation festgestellt, muß so lange mit der Beatmung fortgesetzt werden, bis das Kind selbständig zu atmen beginnt.

Wird bei der Kreislaufkontrolle kein sicherer Puls getastet oder ist der Puls zu langsam (<60/min), ist unverzüglich mit der kardiopulmonalen Reanimation im Verhältnis 1:5 (1 Beatmung : 5 Kompressionen) zu beginnen.

Ältere Kinder werden im Verhältnis 2:15 (ein Helfer) oder 1:5 (zwei Helfer) reanimiert.

## 2.2.2 Die Herzdruckmassage beim Kind

Bei der Herzdruckmassage des Kindes muß eine altersabhängige Unterscheidung vorgenommen werden. **Kleinkinder** werden mit den Fingern, **Kinder bis 8 Jahre** mit dem Handballen und **Kinder über 8 Jahre** (in Abhängigkeit von Ihrer Konstitution) mit dem Handballen oder der Zwei-Hand-Methode (wie Erwachsene) reanimiert. Ein wichtiger Faktor ist die Kenntnis der Atem- und Herzfrequenz (s.S. 66).

▶ Die Reanimation des Kleinkindes

Ein Finger breit unterhalb des Kreuzungspunktes einer gedachten Linie zwischen den beiden Brustwarzen und dem Brustbein werden die Fingerspitzen des Zeige- und Mittelfingers plaziert. Mit einer Frequenz von 2 Kompressionen pro Sekunde wird der Brustkorb um ca. 1/3 des Durchmesser eingedrückt. Nach 5 Kompressionen erfolgt eine Beatmung (Verhältnis 1:5 [1 Beatmung : 5 Kompressionen]).

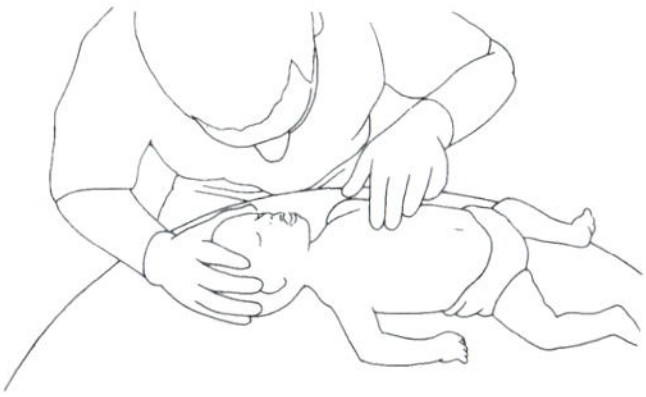

▶ Die Reanimation des Kindes bis 8 Jahre

Der Handballen einer Hand wird auf die untere Hälfte des Brustbeins gelegt, wobei die Finger vom Brustkorb weggestreckt werden, um keinen Druck auf die Rippen zu übertragen.

**!** Der Handballen darf nicht auf oder unterhalb des Xiphoids liegen! (Verletzungsgefahr)

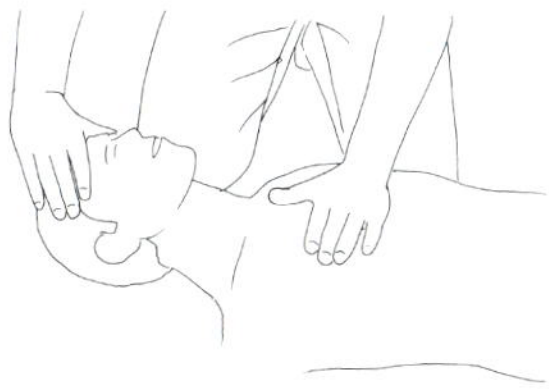

Der Helfer ist direkt über dem Kind und drückt mit gestrecktem Arm und einer Frequenz von 100/min den Brustkorb um ca. 1/3 des Durchmessers ein. Nach 5 Kompressionen erfolgt eine Beatmung (Verhältnis 1:5 [1 Beatmung : 5 Kompressionen]).

▸ Reanimation bei Kindern im Alter von ca. 8 Jahren
(falls die Erwachsenenreanimation noch nicht anwendbar ist)

Ein Handballen wird auf die untere Hälfte des Brustbeins gelegt, die zweite Hand wird darüber plaziert. Beide Hände fassen sich mit vom Brustkorb weggespreitzten Fingern. Der Helfer befindet sich über dem Kind. Mit einer Frequenz von 100/min wird der Brustkorb mit gestreckten Armen 15 x ca. 1/3 des Durchmessers eingedrückt. Anschließend werden 2 Insufflationen verabreicht. Das Verhältnis Beatmung zu Kompression beträgt 2:15.

Sind zwei Helfer anwesend, kann die kardiopulmonale Reanimation im Verhältnis 1:5 durchgeführt werden.

!

Die kardiopulmonale Reanimation des Kindes wird fortgesetzt bis

- das Kind sichere Lebenszeichen zeigt (spontane Atmung, Puls)
- qualifiziertere Hilfe eintrifft (Arzt)
- der Helfer erschöpft ist.

## 2.3 Die Basisreanimation des Neugeborenen direkt nach der Geburt

Der Vollständigkeit halber sei hier stichwortartig die Basisreanimation des Neugeborenen unmittelbar nach der Geburt erwähnt. Sie darf aber nur bei entsprechender Erfahrung von dafür ausgebildeten Hebammen und Ärzten durchgeführt werden. Falls nicht anders beschrieben, gelten die Richtlinien für Kleinkinder.

▸ Beatmung

- Eine Insufflation soll ca. 1 Sekunde dauern.
- Die Beatmung wird mit einer Frequenz von ca. 30-60/sec durchgeführt.
- Bei Verlegung der Atemwege werden diese abgesaugt.

▸ Zirkulation

- Die Zirkulation wird an der Nabelarterie (A. umbilicalis) überprüft.

▸ Herzdruckmassage

- Die Herzdruckmassage wird wie bei Kleinkindern mit zwei Fingern oder alternativ mit zwei Daumen bei umfaßtem Brustkorb durchgeführt.
- Die Frequenz der Kompression beträgt 120/min.
- Das Verhältnis bei der kardiopulmonalen Reanimation beträgt 1:3 (1 Beatmung : 3 Kompressionen).

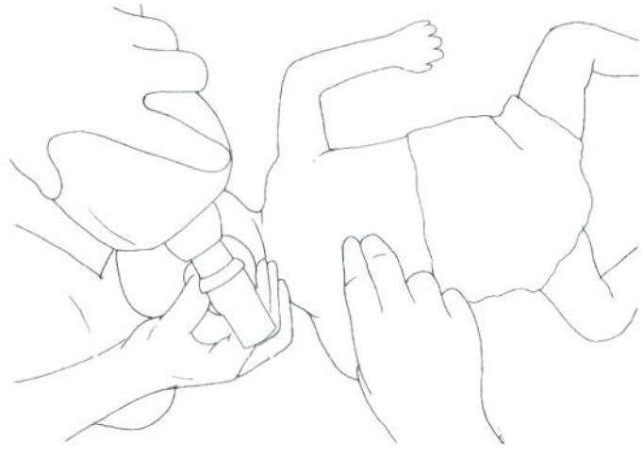

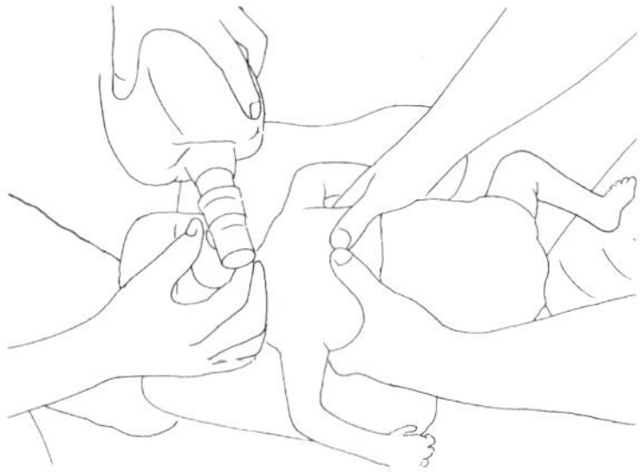

## 2.4 Maßnahmen für Einzelsituationen bei Kleinkindern

Die Vorgangsweise für Kinder bis 8 Jahre ist die gleiche wie die bei Erwachsenen. Deswegen werden nachfolgend nur die Maßnahmen bei Kleinkindern besprochen.

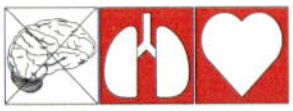

### 2.4.1 Notfalldiagnose Bewußtlosigkeit

Der Kopf des Kleinkindes wird mit einer Hand am Unterkiefer fixiert. Mit der anderen Hand fährt der Helfer unter den Körper des Kleinkindes. Nun kann der Körper mit fixiertem Kopf und fixierter Halswirbelsäule auf die Seite gedreht werden. Mit der am Unterkiefer befindlichen Hand rutscht man in Richtung Brustkorb hinunter und kann somit die Lebensfunktionen (Atmung durch Thoraxbewegungen und Kreislauf durch Herzschlag) laufend kontrollieren.

Darüber hinaus: Notarztruf, Sauerstoffgabe, laufende Kontrolle von Atmung und Kreislauf

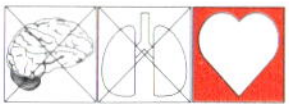

## 2.4.2 Notfalldiagnose Atemstillstand

Der Helfer fixiert mit einer Hand den andeutungsweise überstreckten Kopf des Kleinkindes. Er führt die Beatmung mit einer Insufflationszeit von 1-1 $\frac{1}{2}$ Sekunden durch. Sein Mund umschließt dabei Nase und Mund.

Darüber hinaus: Regelmäßige Kontrolle des Kreislaufes (1 Minuten-Rhythmus)

**!**

Da die Atemfrequenz 25 - 40/min und das Atemzugvolumen ca. 0,02-0,1 l beträgt, muß der Helfer bei der Beatmung besondere Vorsicht walten lassen.

Gefahr: Im besonderen ist die Gefahr der **Magenblähung** zu erwähnen. Sie entsteht, wenn

- mit zu großem Volumen beatmet wird.
- die Atemspende zu schnell oder zu heftig vollzogen wird (Druck).
- die Ausatmung nicht abgewartet wurde.
- der Kopf unsachgemäß gelagert wurde.

### 2.4.3 Notfalldiagnose Kreislaufstillstand

Das Kleinkind liegt auf einer harten Unterlage (Tisch, Liege) oder auf dem Unterarm des Helfers. Mit einer Hand wird der Kopf fixiert und mit der anderen wird der Zeige- und Mittelfinger fingerbreit unterhalb der Brustwarzenlinie auf das Brustbein gelegt.
Zuerst folgt eine Insufflation, dann wird 5 x mit einer Drucktiefe von $^{1}/_{3}$ des Brustkorbdurchmessers komprimiert. Regelmäßig wird eine Kreislaufkontrolle an der Oberarmarterie (A. brachialis) durchgeführt.

**!**

Solange die Reanimation ohne Positionswechsel von einem Helfer durchgeführt werden kann, wird die kardiopulmonale Reanimation im Verhältnis 1:5 durchgeführt.

# 3 Erweiterte Reanimationsmaßnahmen

Im Anschluß finden Sie eine Checkliste, welche die erweiterten Reanimationsmaßnahmen beinhaltet. Die Arztassistenz selbst wurde bereits im ersten Abschnitt beschrieben.

- Ausschalten der Notfallursachen
- Durchführung der Basisreanimation
- Beatmung mit Sauerstoff
- EKG-Ableitung
- Intubation
- Legen eines venösen oder intraossären Zuganges
- Assistenz bei der ärztlichen Intervention
- Defibrillation

# Das Notfallzubehör

*1 Notfallgeräte* ........ *89*

*2 Notfallausstattung* ........ *99*

*3 Aufstellung der Notfallmedikamente und Infusionen* ........ *106*

# 1 Notfallgeräte

Ein wichtiger Bestandteil des Notfallmanagements ist das Beherrschen der Geräte, die in den verschiedenen Notfallsituationen zum Einsatz kommen. In der Folge werden die wichtigsten Geräte beschrieben. Dabei wird vor allem ein Augenmerk auf deren Bedienung, Einsatz und Nachsorge (Überprüfung und Wartung nach einem Einsatz) gelegt.

Es ist wichtig zu wissen,

- **wo** die Notfallgeräte **stehen**
- **wie** sie zu **bedienen** und zu **prüfen** sind (z.B. Ladegerät abstecken)
- **was** der Notfallkoffer **enthält** (z.B. durch Kontrolle der Medikamente, Batterien)
- **wie** die **Nachsorge** zu funktionieren hat.

## 1.1 Die Handhabung und Überprüfung der Notfallgeräte

Folgende Notfallgeräte kommen zum Einsatz und müssen im Notfall beherrscht werden:

- Notfallkoffer / Notfallwagen
- Beatmungsbeutel (inkl. $O_2$-Reservoir)
- Absauggerät
- EKG-Monitor
- Defibrillator
- Beatmungsgerät
- Pulsoxymeter

Diese Geräte sind nach Auslösen des Herzalarmes sofort zum Notfallort zu transportieren und in Betriebsbereitschaft zu bringen.

## 1.1.1 Beatmungsbeutel

Kontrolle:

- Dichtigkeit des Beutels:
  - Zuhalten des Patientenschenkels: Durch das Zusammendrücken des Beutels darf keine Luft entweichen.
  - Zuhalten des Ansaugventils: Es darf nach Zusammendrücken des Beutels keine Luft eindringen.
- Beatmungsmasken:
  - Der Wulst soll aufgeblasen und geblockt sein: Kein Entweichen der Luft durch Druck auf den Wulst.

Nachsorge: Sterilisation

**!**

Um eine Ansteckung mit einer Infektionskrankheit auszuschließen, soll bei der Beutelbeatmung immer ein Beatmungskeimfilter zwischengeschaltet werden. Zusätzlich empfiehlt es sich, alle Teile bei 121°C und 134°C oder sogar mit Gas zu sterilisieren (Gebrauchsinformation beachten).

- Funktionskontrolle
- Sauerstoffreservoir vorhanden
- mindestens 3 Maskengrößen vorhanden
- Ventil keimarm halten

### 1.1.2 Absauggerät

Kontrolle: Das Prüfen auf Dichtheit:

- Durch Verschluß des Absaugschlauches mit dem Daumen wird die Pumpe langsamer (Unterdruck wird erzeugt), gleichzeitig steigt die Manometeranzeige an.
- Beim Öffnen kommt es zu einem Ansteigen der Pumpgeschwindigkeit.
- sichtbarer Abdruck der Schlauchöffnung am Daumen

Sollte dies nicht der Fall sein, müssen die Leitung und die Steckkupplungen auf ihre Dichtheit überprüft und im Zweifelsfall ausgetauscht werden. Ist die Funktionstüchtigkeit nicht sicher zu gewährleisten, muß das Gerät in die Werkstatt gebracht werden.

Einsatz: Im Einsatz den richtigen Absaugkatheter (Größe, Öffnungen vorne und seitlich, Festigkeit) verwenden. Orale Absaugkatheter sind weich und gelbfarben, tracheale sind härter und durchsichtig. Vor dem Einführen die Einführtiefe messen.

**!** Als Richtgröße für die Einführtiefe des Absaugkatheters kann die Distanz vom Ohrläppchen zur Nasenspitze herangezogen werden.

Anschließend ohne Sog einführen (Katheter knicken bzw. das Ventil offen halten), bei erreichter Einführtiefe den Knick lösen oder das Ventil schließen und den Katheter unter Drehen herausziehen. Falls erforderlich, diesen Vorgang mehrmals wiederholen.

Nachsorge: Das Absauggerät wieder mit sterilen Absaugkathetern bestücken.
Die Sekretflasche im Ausgußraum entleeren und gemeinsam mit dem Absaugschlauch in die Desinfektionswanne legen.
Kontrolle, ob die Gummiringe intakt sind.

- Funktionskontrolle
- Absaugkatheter vorhanden
- Wasserfläschchen voll

## 1.1.3 EKG-Monitor

Kontrolle: Es ist darauf zu achten, daß das Gerät immer einsatzbereit und EKG-Papier eingelegt ist. Des weiteren müssen genügend Elektroden, Elektroden-Gel und/oder großflächige Klebe-Defibrillationselektroden („Pads“) vorhanden sein. Ebenso dürfen die Kabel nicht fehlen.

**!**

Auf Verbrennungsstationen müssen Stechelektroden vorhanden sein.

Eine monatliche Überprüfung der Funktionstauglichkeit im Akkubetrieb ist Voraussetzung für einen reibungslosen Notfallablauf.

Einsatz: Im Einsatz ist wichtig, daß die EKG-Elektroden weit genug voneinander entfernt plaziert werden, damit im Falle einer Defibrillation genügend Platz für die Paddels bzw. Pads bleibt.

Die Elektroden werden bei der **Dreier-Ableitung nach Einthofen** wie folgt geklebt:

| | |
|---|---|
| **rechte** Schulter | **rote** Kabelableitung |
| **linke** Schulter | **gelbe** Kabelableitung |
| zwischen **linkem Rippenbogen** und **Hüftbein** | **grüne** Kabelableitung |

Bei einer **Vierer-Ableitung** kommt zur roten, gelben und grünen Kabelableitung noch eine **schwarze** Ableitung hinzu, die unter dem **rechten Rippenbogen** oder am **rechten Bein** befestigt wird.

Nachsorge: Das Gerät mit einem Oberflächendesinfektionsmittel feucht reinigen. Achten Sie dabei auf den Monitordisplay, dieser darf nicht mit dem Mittel gereinigt werden (hohe Reparaturkosten).

- Funktionskontrolle
- Elektroden
- Elektroden-Gel
- Pads
- EKG-Papier
- Ladung der Akkus

## 1.1.4 Defibrillator

Defibrillatoren für die extrathorakale Defibrillation sind in verschiedenster Ausführung im Handel. Man unterscheidet konventionelle (manuelle) und halbautomatische Geräte. Bei der extrathorakalen Defibrillation wird ein asynchroner Impuls verabreicht (für die Kardioversion ein synchronisierter Impuls; diese Einstellung ist nur bei konventionellen Defibrillatoren möglich).

▸ Konventionelle Defibrillatoren

Bei diesen Geräten stellt der Arzt die Diagnose und die Indikation für die Defibrillation. Ebenso bestimmt er die Einstellung der Parameter.

▸ Halbautomatische Defibrillatoren

Diese Geräte wurden für den Einsatz durch nichtärztliches Personal entwickelt. Sie erkennen selbständig bzw. durch Drücken des Analyseknopfes defibrillationswürdige Herzrhythmen (Kammerflimmern, pulslose Kammertachykardie) und fordern zur Defibrillation auf. Sie sind nur für Erwachsene zugelassen.

Bei den halbautomatischen Defibrillatoren unterscheidet man solche mit und solche ohne Monitor. Meistens sind jene mit Monitor auch auf konventionellen (manuellen) Betrieb umschaltbar.

**!** Die Defibrillation ist nur bei fehlendem Puls indiziert.

Universelle Geräte vereinen die Funktion eines Defibrillators und eines EKG-Gerätes. Damit erspart sich der Helfer einerseits einen eigenen EKG-Monitor, andererseits kann der Erfolg einer Defibrillation sofort festgestellt werden.

Kontrolle: Kontrolle der Akkus durch Aufladen der Paddels auf 50-100 Joule innerhalb von 6 Sekunden (geräteabhängig!) und Auslösen der Kontakte (je nach Gerät) in die Luft oder auf die am Gerät dafür vorgesehenen Entladeflächen (Vorsicht!). Dieser Vorgang muß innerhalb von 15 Sekunden erfolgen.

Wird beim Ladevorgang die eingestellte Joulezahl nicht innerhalb der vorgegebenen Zeit erreicht, ist entweder

- der Akku leer oder nicht voll aufgeladen
  → sofort aufladen

- oder der Ladekondensator defekt
  → sofortige Reparatur veranlassen

Nachsorge: Oberflächendesinfektion und Ladekontrolle wie oben beschrieben

- Funktionskontrolle (Achtung!)
- Ladung der Akkus
- Gel
- Pads
- Elektrodenkabel

### 1.1.5 Beatmungsgerät

Auch bei den Beatmungsgeräten gibt es verschiedene Typen, die aber alle nach einem ähnlichen Schema funktionieren.

Einsatz: Beatmungsgeräte sind nur bei ausreichender Füllung der Sauerstoffflasche einsatzbereit, da sie über den Sauerstoffdruck gesteuert werden.

**!** Ab einem Druck von weniger als 50 bar ist eine Reserveflasche bereitzustellen, oder die Flasche muß ausgetauscht werden.

Folgendes Grundwissen ist Voraussetzung für den richtigen Einsatz:

- Flascheninhalt (FI; in Liter)

$$FI = p \times V$$

p=Druck (bar), V=Flaschenvolumen (2, 5 oder 10 Liter)

Beispiel:

| p (bar) | V (Liter) | FI (Liter) |
|---|---|---|
| 100 | 10 | 1000 |
| 55 | 5 | 275 |

- Atemminutenvolumen (AMV; in Liter)

$$AMV = 10\ ml \times KG \times f$$

KG=Körpergewicht in kg, f=Atemfrequenz

Beispiel:

| KG (kg) | f | AMV (Liter) |
|---|---|---|
| 70 | 12 | 8,4 |
| 30 | 15 | 4,5 |

▸ Maximale Beatmungszeit ($t_{max}$; in Minuten)

$$t_{max} = FI : AMV$$

Beispiel:

| FI (Liter) | AMV (Liter) | $t_{max}$ (Minuten) |
|---|---|---|
| 1000 | 8,4 | 119 |
| 275 | 4,5 | 61 |

Geräteeinstellungen wie Atemminutenvolumen (AMV) und Atemfrequenz (f) werden vom Arzt angeordnet. Das AMV und die Atemfrequenz sind am Gerät zusätzlich farblich gekennzeichnet.

**!**

Beim Hantieren mit fettigen Händen an einer Sauerstoffflasche herrscht akute Explosionsgefahr.

Kontrolle: Nach dem Aufdrehen des Sauerstoffventiles und Einschalten des Gerätes, wird der Beatmungsschenkel mit einem Tupfer und daraufliegender Hand zugehalten. Der Beatmungsdruckmanometer muß nun die 80 mbar Grenze überschreiten, wodurch sich das Überdruckventil öffnet. Beim Zusammenbau des Beatmungsventiles muß auf das richtige Einlegen des Flatterplättchens geachtet werden. Auch die Schläuche müssen auf Schäden oder Verschmutzung kontrolliert werden.

Nachsorge: Sterilisation der Beatmungsschläuche
Kontrolle der Ventile
Reinigung des Gerätes mit einem Desinfektionsmittel
Abdecken und keimarm halten

- Funktionskontrolle
- Sauerstoffflasche

### 1.1.6 Pulsoxymeter

Mit dem Pulsoxymeter wird die Sauerstoffsättigung des Blutes mittels eines Infrarotdetektors und die periphere Pulsfrequenz gemessen.

> **!** Auch bei Pulsoxymetern muß die Ladekontrolle durchgeführt werden.

Einsatz: Beim Einsatz ist auf das richtige Anklipsen des Meßgerätes am Finger, an der Zehe (z.B. Kinder) oder am Ohr zu achten. Bei schlechtem Sitz kann der Pulsoxymeter durch Umwickeln mit einem Leukosilkstreifen zusätzlich befestigt werden. Fremdlichteinfall sollte vermieden werden.

> **!** Die Infrarotmessung erlaubt nur die Unterscheidung der Blutfarbe und nicht der tatsächlichen, chemischen Sauerstoffbindung. Dies kann z.B. bei CO-Vergiftungen (hellrotes Blut) zu falsch-positiven Ergebnissen führen.

Nachsorge: mit Oberflächendesinfektionsmittel reinigen
Finger- und Ohrclip kontrollieren

> **!** Besondere Vorsicht ist beim Sensor geboten (sehr teuer!, nicht auf den Boden fallen lassen).

- Funktionskontrolle

# 2 Notfallausstattung

Die Notfallausstattung befindet sich je nach Station entweder im Notfallkoffer oder im Notfallwagen. Jeder Mitarbeiter (Schwester, Pfleger, Wärter, Therapeut, etc.) muß über die Lokalisation der jederzeit gut zugänglichen Notfallausstattung informiert sein.

Wünschenswert ist eine standardisierte Ausstattung im gesamten Krankenhaus, die individuell an die Bedürfnisse der jeweilige Station angepaßt wird.

## 2.1 Kontrolle der Notfallausstattung

Notfallkoffer bzw. Notfallwagen sind mindestens einmal im Monat zu kontrollieren auf:

- Ablaufdatum der Medikamente
- Ablaufdatum des Sterilgutes
- Funktionstüchtigkeit von Laryngoskop und Stablampe
- Ersatzbirnen und Ersatzbatterien

!

Nach einem Notfall muß das verbrauchte Material sofort ersetzt und mittels Checkliste kontrolliert werden!

Es sind regelmäßige signierte Kontrollen zu empfehlen.

Für die ordnungsgemäße Führung und monatliche Überprüfung ist die Stationsschwester verantwortlich. Ablaufende Medikamente werden spätestens drei Monate vor Ablauf von der Apotheke ausgetauscht.

## 2.2 Basisausstattung für Notfälle auf einer Allgemeinstation für Erwachsene

(Empfehlung der Gemeinsamen Einrichtung für Notfall- und Katastrophenmedizin der Universitätsklinik Innsbruck)

### 2.2.1 Geräte

| Menge | Bezeichnung |
|---|---|
| 3 | Nasen-Rachen-Tuben (Wendl) (Gr. 28, 30, 32) |
| 2 | Mund-Rachen-Tuben (Guedel) (Gr. 3, 4) |
| 3 | Atemmasken (Größe 2, 3, 4) |
| | Beatmungsbeutel mit $O_2$-Reservoirbeutel |
| 2 | weiche Sauger (Mund, Nase) |
| 2 | Trachealsauger (mit seitlicher Öffnung) |
| 1 | Laryngoskopgriff mit Ersatzbatterien |
| 1 | Laryngoskopspatel (Macintosh) mit Ersatzlampe |
| 1 | Xylocain viskös 2% |
| 1 | Blockerspritze (10 ml) |
| 4 | Endotrachealtuben (2 mit 7,0 bzw. 8,0 mm Innendurchmesser) |
| 1 | Mandrin |
| 1 | Magill-Zange |
| | Handschuhe |
| | Tupfer, Haut-Desinfektionsmittel |
| | Pflaster, Null-Stöpsel, Mullbinde 8 cm, Tubenfixation |
| | Blutzucker-Messstreifen bzw. Reflo Check |
| | Infusionsbestecke |
| | Dreiwegehähne |
| 8 | Venflons (16 - 22G) |
| | Spritzen (2, 5, 10 und 20 ml) |
| | Nadeln (20G, 22G, subkutan) |
| 2 | Subklaviakatheter |
| 1 | mobile Sauerstoffeinheit |

## 2.2.2 Medikamente (s.S. 106)

| Handelsname | Wirksubstanz | A, R, S, V* | Dosierung | |
|---|---|---|---|---|
| Alupent | Orciprenalin | A à 0,5 mg | 0,5 mg/ml | |
| Gilurythmal | Ajmalin | A à 50 mg | 5mg/ml | |
| Anexate | Flumazenil | A à 1 mg | 0,1mg/ml | |
| Hypnomidate | Etomidat | A à 20 mg | 2mg/ml | * |
| Aqua bidest | destilliertes Wasser | A à 10 ml | | |
| Isoptin | Verapamil | A à 5mg | 2,5mg/ml | |
| Atropin | Atropinsulfat | A à 0,5 mg | 0,5mg/ml | |
| Lasix | Furosemid | A à 20 mg | 10mg/ml | |
| Beloc | Metoprolol | A à 5 mg | 1mg/ml | |
| Lidocorit | Lidocainhydrochlorid | A à 200 mg | 20mg/ml | |
| Berotec Spray | Fenoterol | DA 200µg | 0,1 mg/Hub | |
| Lysthenon | Succinylcholin | A à 100 mg | 20mg/ml | * |
| Buconif Spray | Nifedipin | DA | 5 mg/Hub | |
| NaCl | physiolog. Kochsalzlösung | A à 10 ml | | |
| Bricanyl | Terbutalin | A à 0,5 mg | 0,5mg/ml | |
| Narcanti | Naloxon | A à 0,4 mg | 0,4mg/ml | |
| Calcium 10% | Kalziumglukonat | A à 10% | 10 mg/ml | |
| Nitrolingual Spray | Nitroglycerin | S à 80mg | 0,4 mg/Hub | |
| Ebrantil | Urapidil | A à 25 mg | 5mg/ml | |
| Prostigmin | Neostgmin | A à 0,5 mg | 0,5mg/ml | |
| Effortil | Etilefrin-hydrochlorid | A à 10 mg | 10mg/ml | |
| oder Akrinor | Cafedrin, Theodrenalin | A à 200 mg | | |
| oder Ephedrin | | A à 50 mg | | |
| Suprarenin | Adrenalin | A à 1mg | 1mg/ml | * |
| Epanutin | Phenytoin | A à 250 mg | 50mg/ml | |
| Valium | Diazepam | A à 10 mg | 5mg/ml | |
| Euphyllin | Theophyllin | A à 240 mg | 24mg/ml | |
| oder Theospirex | Theophyllin | A à 200 mg | 20mg/ml | |

* nur vom erfahrenem Arzt anzuwenden

## 2.2.3 Infusionen (je 1 x)

| Infusion | Inhalt |
|---|---|
| Ringerlactat | 500 ml |
| Glucose 33% | 100 ml |
| Natriumbicarbonat 8,4% | 100 ml |
| Isohaes | 500 ml |

## 2.3 Notfall-Set für die Kinderstation

(Empfehlung der Gemeinsamen Einrichtung für Notfall und Katastrophenmedizin der Universitätsklinik Innsbruck)

### 2.3.1 Beatmung

| | |
|---|---|
| Intubations-Set: | Griff mit Batterien, Ersatzbatterien, Ersatzlämpchen<br>Kaltlichtspatel, Größen: 0,1,2,3 gerade, 4 gebogen<br>Magill-Zange: mittlere Größe<br>Guedel-Tuben: 0,1,2<br>Wendl-Tuben: 12, 16, 20 Ch |
| Tubusfixationspflaster: | Leukoplast, schmal |
| Endotrachealtuben: | Größen: 2,5 - 6 mm ID ohne Cuff, je 2 Stück; je nach Kinderbelag; Führungsdraht |
| Beatmungsbeutel: | klein für Säuglinge < 1 Jahr (300ml) mit Reservoirschlauch, Peepventil<br>groß für Kinder > 1 Jahr mit Reservoirbeutel und Peepventil |
| Beatmungsmasken: | Größe 0A & 0 (transparent, Rundmasken für Neugeborene)<br>Größe 2: (geformt für Kinder) |
| Sauerstoffmaske: | Aerosolmaske |
| Schlauchadapter: | Größen: mittel-mittel, dünn-dünn, mittel-dünn |
| Absaugkatheter: | Größen: 6, 7, 8, 10, 12, 14 CH |
| Larynxmaske: | Größe 1 (< 6 kg), 2 (6 kg - 20 kg) |
| Transtrachealer Katheter: | 18 G (VBM, Med Technik) |

## 2.3.2 Infusion

| Beschreibung | | | | Menge |
|---|---|---|---|---|
| Infusionslösungen: | Ringerlactat | 500 ml | | 1 |
| | RL/Glucose Mischung 3:2 | 500 ml | | 1 |
| | Glucose 33% | 100 ml | | 1 |
| | NaCl 0,9% | 50 ml | | 1 |
| Infusionsbesteck: | Makrotropfen/Mikrotropfen | | | 1 |
| blauer Dreiwegehahn | | | | 2 |
| Pädiatrische Verbindungsleitung | | | | 2 |
| Infusionskanülen: | Venflon 24 G, 22 G, 20 G, 18 G | | | 1 |
| | Butterfly 22 G, 24 G | | | 1 |
| | Insyte 24 G, 22 G | | je | 1 |
| intraossäre Nadel (Cook) | 18 G-2,5-T45 M(spitz) | | je | 2 |
| | 12 G-2,3-PA (Schraube) | | je | 2 |
| Zentralvenenkatheter: | Leader Cath (Vygon) 0,5 mm/20 cm | | | 2 |
| Fixationsschiene: | gepolstert | | | 1 |
| Einmalspritzen: | Mantoux-Spritzen | 1 ml | | 3 |
| | Plastikspritzen | 2 ml | | 3 |
| | | 5 ml | | 3 |
| | | 10 ml | | 3 |
| Injektionsnadeln: | orange | | | 2 |
| | schwarz | | | 2 |
| | gelb | | | 2 |

## 2.3.3 Diverses Material

| | |
|---|---|
| Fixationspflaster: | Leukofix schmal |
| Stauschlauch: | aus Gummi |
| Blutdruckmessgerät: | Manschetten: schmal, mittel |
| Stethoskop: | Kinderausführung |
| Hämoglucotest: | Gerät und Teststreifen (Medisens) |
| Magensonden: | 5, 8, 10, 12 CH |

## 2.3.4 Medikamente (s.S. 106)

| Handelsname | Wirksubstanz | A, R, S, V* | | Dosierung | Menge |
|---|---|---|---|---|---|
| Ketanest | Ketamin | A à | 50 mg | 10 mg/ml | 2 |
| Thiopental | Thiopental Na | V à | 1 g | 25 mg/ml | 1 |
| Hypnomidate | Etomidat | A à | 20 mg | 2 mg/ml | 2 |
| Lysthenon | Suxamethonium-Cl | A à | 100 mg | 20 mg/ml | 2 |
| Esmeron | Rocuronium | A à | 50 mg | 5 mg/ml | 2 |
| Dormicum | Midazolam | A à | 5 mg | 5 mg/ml | 2 |
| Euphyllin | Theophyllin | A à | 0,24 g | 24 mg/ml | 2 |
| Chloralhydrat | Chloralhydrat | R à | 3 g | 1 g/ml | 2 |
| Stesolid | Diazepam | R à | 10 mg | 4 mg/ml | 2 |
| DHBP | Droperidol | A à | 5 mg | 2,5 mg/ml | 2 |
| Fentanyl-Janssen | Fentanyl | A à | 0,1 mg | 0,05 mg/ml | 2 |
| Vendal | Morphium-HCl | A à | 10 mg | 10 mg/ml | 1 |
| Nubain | Naluphin-HCl | A à | 20 mg | 10 mg/ml | 2 |
| Narcanti Neonatal | Naloxon-HCl | A à | 0,04 mg | 0,02 mg/ml | 2 |
| Solu-Dacortin | Prednisolon-Na | A à | 50 mg | 25 mg/ml | 2 |
| Pulmicort Inhalationslösung | Budesonid | A à | 0,5 mg | 0,5 mg/ml | 2 |
| Lidocain | Lidocain-HCl | A à | 200 mg | 20 mg/ml | 2 |
| Suprarenin | Adrenalin 1:1000 | A à | 1 mg | 1 mg/ml | 5 |
| L-Adrenalin | Adrenalin 1:10000 | A à | 0,05 mg | 0,1 mg/ml | 4 |
| Atropin | Atropin | A à | 0,5 mg | 0,5 mg/ml | 2 |
| Tavegyl | Clemastin | A à | 2 mg | 1 mg/ml | 2 |
| NaCl | 0,9%NaCl | A à | 10 ml | | 2 |
| Mexalen | Paracetamol | S à | 125 mg | | 2 |
| | | S à | 250 mg | | 2 |
| Calciumgluconicum | | A à | 10 ml | 10% | 2 |

* A=Ampulle, R=Rectiole, S=Suppositorium, V=Vial

## 2.3.5 Weitere wichtige Notfallmedikamente

(Diese Seite dient Ihnen für Ergänzungen)

# 3 Aufstellung der Notfallmedikamente und Infusionen

Nachfolgend werden alle Notfallmedikamente erläutert, die sich in der Notfallausstattung für Erwachsene oder Kinder befinden. Die Reihung erfolgt alphabetisch nach Handelsnamen.

## 3.1 Kurzverzeichnis der Medikamente

| **Handelsname** (falls nicht gesondert angeführt, gilt der Handelsname für Österreich, die Schweiz und Deutschland) | **Wirksubstanz** |
|---|---|
| Akrinor | Cafedrin, Theodrenalin |
| *alternativ:* Effortil | Etilefrin-hydrochlorid |
| Alupent | Orciprenalin |
| Anexate, **CH+D:** Anexate Roche | Flumazenil |
| Aqua bidest. | destilliertes Wasser |
| Atropinum sulfuricum, **CH:** Atropin Streuli, **D:** Atropinsulfat Braun | Atropinsulfat |
| Beloc, **CH:** Lopresor | Metoprolol |
| Berotec-Spray | Fenoterol |
| Bricanyl | Terbutalin |
| Buconif, **CH+D:** Adalat | Nifedipin |
| Calcium Braun 10% **CH:** Calcium Sandoz, **D:** Calcium Braun | Kalciumgluconat |
| Chloraldurat | Chloralhydrat |
| Dehydrobenzperidol, **D:** Droperidol | Dehydrobenzperidol |
| Dormicum, **CH+D:** Dormicum Roche | Midazolam |
| Ebrantil | Urapidil |
| Epanutin | Phenytoin |
| Euphyllin | Theophyllin |
| Fentanyl | Fentanyl |
| Gilurytmal | Ajmalin |
| Hypnomidate | Etomidat |
| Isoptin | Verapamil |
| Ketalar, **D:** Ketanest | Ketamin |
| L-Adrenalin | Epinephrin |
| Lasix | Furosemid |
| Lidocorit, **CH+D:** Xylocain | Lidocainhydrochlorid |
| Lysthenon | Succinylcholin |
| Mexalen, **CH:** Dafalgan, **D:** Enelfa, Benuron | Paracetamol |
| Narcanti, **CH:** Narcan | Naloxon |
| Narcanti neonatal, **CH:** Narcan neonatal | Naloxon |
| Natriumchlorid | physiolog. Kochsalzlösung |

| **Handelsname,** Fortsetzung (falls nicht gesondert angeführt, gilt der Handelsname für Österreich, die Schweiz und Deutschland) | **Wirksubstanz** |
|---|---|
| Nitrolingual | Nitroglycerin |
| Nubain | Nalbuphin |
| Prostigmin, **CH:** Prostigmin Roche, **D:** Neostigmin | Neostigmin |
| Pulmicort | Budesonid |
| Solu-Dacortin H, **D:** Solu Decortin H | Prednisolon |
| Stesolid | Diazepam |
| Suprarenin, **CH:** Adrenalin | Adrenalin |
| Tavegyl, **D:** Tavegil | Clemastin |
| *alternativ:* Dibondrin | Diphenhydramin-hydrochlorid |
| *alternativ:* Fenistil | Dimetindenmaleat |
| Thiopental, **CH:** Pentothal | Thiopental |
| Valium | Diazepam |
| Vendal, **CH:** Sevredol, **D:** Morphin Merck | Morphin |

## 3.2 Kurzverzeichnis der Infusionen

| **Handelsname** (falls nicht gesondert angeführt, gilt der Handelsname für Österreich, die Schweiz und Deutschland) | **Wirksubstanz** |
|---|---|
| Glucose 33% | |
| Haemaccel | Gelatine |
| Isohes, **D:** Hemohes | Hydroxyethylstärke |
| Natriumbicarbonat 8,4 % | |
| NaCl | Natriumchlorid |
| Ringer-Lactat | |

## 3.3 Medikamente und Infusionen im Detail

Die tabellarische Aufstellung beinhaltet alle Medikamente der Notfallausstattung. Die folgenden Abkürzungen wurden verwendet:

| | | |
|---|---|---|
| A = Ampulle | RT = Rektaltube | i.c. = intrakutan |
| D = Dosieraerosol | S = Spray | i.m. = intramuskulär |
| K = Kapsel | SF = Stechflasche | i.v. = intravenös |
| R = Rektiole | | i.v. KI = intravenöse Kurzinfusion |
| | | s.c. = subkutan |

Die Menge bei Dosieraerosolen bezieht sich jeweils auf einen Hub.

| Medikament | | Menge | Applikation | Indikation | Wirkung |
|---|---|---|---|---|---|
| Akrinor<br>Theophyllin-<br>abkömmlinge | A | 200 mg | i.v. KI | schwere Hypotonie<br>Kreislaufversagen<br>Orthostase | Tonisierung des Venensystems<br>keine periphere Widerstandser-<br>höhung |
| alternativ<br>Effortil | A | 10 mg | s.c.<br>i.m.<br>i.v. | schwere Hypotonie<br>Orthostase | Tonisierung des Gefäßsystems<br>α- und β-Sympathikomimetikum |
| Alupent<br>Orciprenalin | A | 0,5 mg | i.m.<br>s.c.<br>i.v. | AV-Block<br>Asthma bronchiale<br>Bradykardie<br>Rhythmusstörungen | ß-Rezeptorenerregung<br>Verstärkung der Reizbildung<br>Herzkraftverbesserung<br>Frequenzerhöhung<br>Senkung des peripheren Widerstandes<br>Bronchospasmolyse |
| Anexate<br>Flumazenil | A | 1 mg | i.v.<br>pur<br>verd. | Aufhebung der zentral<br>dämpfenden Wirkung<br>von Benzodiazepinen | kompetitive Hemmung der<br>Substanzen, die über den<br>Benzodiazepinrezeptor wirken |
| Aqua bidestillata<br>destilliertes Wasser | A | 10 ml | | Verdünnungszwecke | |
| Atropinum sulfuricum<br>Atropinsulfat | A<br>A | 0,5 mg | s.c.<br>i.m.<br>titriert i.v. | Vagusdämpfung vor der<br>Intubation und dem Legen<br>einer Magensonde etc.<br>Bradykardie<br>3 mg bei CPR | Dämpfung unerwünschter vagaler<br>Kreislaufreflexe und Verringern<br>der Sekretion im Mund-Rachen-<br>Raum<br>Antagonist bei Intoxikation |

| Medikament | | Menge | Applikation | Indikation | Wirkung |
|---|---|---|---|---|---|
| Beloc | A | 5 mg | verdünnt und titriert i.v. | Hypertonie<br>supraventrikuläre Tachykardie<br>akuter Myokardinfarkt | Blockierung der $\beta_1$-Rezeptoren<br>*Cave:* Kann in Kombination mit Isoptin zu einem Stillstand führen |
| Berotec-Spray<br>Fenoterol | D | 0,2 mg | Inhalation | Bronchospasmus<br>Asthma bronchiale | $\beta_2$ - Sympathikomimetikum<br>Bronchospasmolyse, Tokolyse |
| Bricanyl<br>Terbutalin | D | 0,25 mg | Inhalation | Bronchospasmus<br>Asthma bronchiale | $\beta_2$ - Sympathikomimetikum |
| | A | 0,5 mg | s.c.<br>verdünnt und titriert i.v. | Asthma bronchiale<br>Emphysem<br>Tokolyse | $\beta_2$ - Sympathikomimetikum<br>Relaxans der glatten Muskulatur |
| Buconif<br>Nifedipin | S | 5 mg | sublingual | Hochdruckkrisen<br>Angina pectoris<br>Morbus Raynaud | Kalziumantagonist<br>gefäßerweiternd in der Peripherie und an den Koronargefäßen |
| Calcium<br>Kalziumglukonat | A | 10 % | titriert i.v. | Allergien<br>Kalziummangel<br>u.U. elektromechanische Entkopplung | antientzündlich<br>gefäßabdichtend |
| Chloraldurat<br>Chloralhydrat | R | 600 mg | rektal | akute und chronische Krampfzustände<br>Sedierung | zentral dämpfendes Narkotikum<br>Krampflösung<br>(Einsatzgebiet: Kinder) |
| Dehydrobenzperidol<br>Droperidol | A | 5 mg | i.v | Anästhesie<br>starkes Erbrechen<br>Prämedikation | antiemetisch<br>Dopaminantagonist |

| Medikament | | Menge | Applikation | Indikation | Wirkung |
|---|---|---|---|---|---|
| Dormicum<br>Midazolam | A | 5 mg<br>15 mg<br>50 mg | i.v.<br>i.m<br>rektal<br>oral | Status epilepticus<br>Narkoseeinleitung<br>Praemedikation | sedierend<br>antikonvulsiv<br>schwach muskelrelaxierend |
| Ebrantil<br>Urapidil | A | 25 mg<br>50 mg | i.v. | hypertensiver Notfall<br>therapieresistente<br>Hypertonie | zentral bedingte Sympatolyse<br>peripheres $\alpha$-Sympatolytikum |
| Epanutin<br>Phenytoin | A | 250 mg | titriert i.v. | Epilepsie<br>akute kardiale Arrhythmie | antiepileptisch<br>antiarrhythmisch, *cave:* Asystolie |
| Euphyllin<br>Theophyllin | A | 240 mg | i.v. | Asthma bronchiale<br>Bronchospasmus<br>Emphysembronchitis | Broncholyse<br>Stimulation des Atemzentrums |
| alternativ<br>Theospirex | A | 200 mg | s.c.<br>i.m.<br>i.v. | Asthma bronchiale<br>Bronchospasmus<br>Emphysembronchitis | Relaxation der glatten Muskulatur<br>Stimulation des Atemzentrums |
| Fentanyl<br>Fentanyl | A | 0,1 mg<br>0,5 mg | i.v. | schwere Schmerzzustände<br>Neuroleptanalgesie | zentral schmerzhemmende und sedierende Wirkung, *cave:* Thoraxrigidität |
| Gilurytmal<br>Ajmalin | A | 50 mg | i.v. KI<br>verdünnt und<br>titriert i.v. | supraventrikuläre und<br>ventrikuläre Extrasystolen<br>und Tachykardie | Antiarrhythmikum<br>Hemmung der Erregungsausbreitung am Herz |
| Hypnomidate<br>Etomidat | A | 20 mg | i.v. | Narkoseeinleitung | hypnotische und narkotische Effekte |

| Medikament | | Menge | Applikation | Indikation | Wirkung |
|---|---|---|---|---|---|
| Isoptin<br>Verapamil | A | 5 mg | titriert i.v | supraventrikuläre Tachykardie<br>absolute Tachyarrhythmie<br>hypertensive Krise | *Kalziumantagonismus:*<br>antiarrhythmisch, Verlängerung der AV-Refraktärzeit, Gefäßerweiterung<br>*Cave:* Betablocker |
| Ketalar<br>Ketamin | SF | 10 mg<br>50 mg | i.v.<br>i.m. | Kurznarkose<br>Analgesie<br>Status asthmaticus | starke analgetische Wirkung<br>Bronchodilatation<br>Anstieg von Blutdruck und Herzfrequenz |
| L-Adrenalin „Leopold"<br>Epinephrin | A | 0,5 mg | i.v.<br>i.m.<br>s.c.<br>i.c. | Herzstillstand<br>anaphylaktischer Schock | β-sympathikomimetische Wirkung in niedriger Dosierung<br>α-sympathikomimetische Wirkung in höherer Dosierung |
| Lasix<br>Furosemid | A | 20 mg | i.m.<br>i.v. | Linksherz-Insuffizienz<br>Lungen- und Hirnödem<br>Niereninsuffizienz<br>Förderung der Giftausscheidung über die Niere<br>hypertensive Krise | Verhinderung der Natriumrückresorption in der Niere, dadurch vermehrte Wasserausscheidung |
| Lidocorit<br>Lidocain | A | 200 mg | i.v.-Bolus | Prophylaxe gegen Kammerflimmern<br>ventrikuläre Extrasystolen und Tachykardie<br>Digitalisintoxikation | Antiarrhythmikum,<br>Lokalanästhetikum |

| Medikament | | Menge | Applikation | Indikation | Wirkung |
|---|---|---|---|---|---|
| Lysthenon<br>Succinylcholin | A | 100 mg | i.v | Intubation | depolarisierendes Muskelrelaxans<br>Ausschaltung der Atemmuskulatur |
| Mexalen<br>Paracetamol | S | 125 mg<br>250 mg<br>500 mg<br>1 g | rektal | Fieber- und Schmerz-<br>zustände<br>Fieberkrampf | antipyretische und analgetische<br>Wirkung durch Hemmung der<br>Prostaglandinsynthese (ZNS) |
| Narcanti<br>Naloxon | A | 0,4 mg | i.v.<br>i.m.<br>s.c. | schwere Intoxikation<br>durch Heroin und andere<br>Morphinderivate | spezifischer Opiatantagonist<br>kürzer wirksam als manche Opiate |
| Narcanti Neonatal | A | 0,04 mg | = | = | = |
| Natriumchlorid<br>physiologische<br>Kochsalzlösung | A | 10 ml | | für Verdünnungszwecke | |
| Nitrolingual<br>Nitroglycerin | S<br>K | 0,4 mg<br>0,8 mg | sublingual | Angina pectoris<br>kardiales Lungenödem<br>hypertensiver Notfall | Koronargefäßerweiterung,<br>Blutdrucksenkung, besonders in<br>Kopf- und Halsbereich, dadurch<br>Entlastung der linken Kammer |
| Nubain<br>Nalbuphin | A | 10 mg<br>20 mg | i.v.<br>i.m.<br>s.c. | Sedierung<br>Schmerzzustände | stark wirksames Analgetikum<br>Antagonist bei opioidinduzierter<br>Atemdepression |

| Medikament | | Menge | Applikation | Indikation | Wirkung |
|---|---|---|---|---|---|
| Prostigmin<br>Neostigmin | A | 0,5 mg | i.v. | Myasthenia gravis<br>atonische Obstipation | Hemmung der Cholinesterase<br>Erhöhung der Kontraktilität der glatten Muskulatur, erhöhte Peristaltik<br>Antagonist nicht-depolarisierender Muskelrelaxantien |
| Pulmicort<br>Budesonid | D | 20 mg | inhalativ | Asthma bronchiale<br>chronisch obstruktive Bronchitis | Bronchodilatation<br>entzündungshemmend<br>Mastzell-Stabilisierung |
| Solu-Dacortin<br>Prednisolon | A | 25 mg<br>50 mg<br>250 mg<br>1 g | i.v. | anaphylaktischer Schock<br>Asthmaanfall<br>Hirndrucksteigerung<br>Wirbelsäulentrauma mit neurologischen Ausfällen | antiallergisch und antiphlogistisch durch Gefäßabdichtung<br>Förderung der Mikrozirkulation<br>Stabilisierung der Zellmembran |
| Stesolid<br>Diazepam | RT | 5 mg<br>10 mg | rektal | Sedierung<br>Status epilepticus | Sedierung (limbisches System)<br>krampflösend<br>muskelrelaxierend |
| Suprarenin<br>Epinephrin | A | 0,5 mg<br>1 mg<br>25 mg | i.v.<br>i.m.<br>s.c. | Kreislaufstillstand<br>anaphylaktischer Schock<br>Inhalation bei Pseudokrupp | α- und β-Rezeptorerregung<br>Verstärkung der Reizbildung<br>Verbesserung der Herzkraft<br>Frequenzerhöhung<br>Erhöhung des peripheren Widerstandes<br>Bronchospasmolyse |

| Medikament | | Menge | Applikation | Indikation | Wirkung |
|---|---|---|---|---|---|
| Tavegyl<br>Clemastin | A | 2 mg | i.v. | anaphylaktischer Schock<br>Quincke-Ödem<br>Kontrastmittelallergie | $H_1$-Antihistaminikum<br>zentral sedierend<br>Bronchodilatation |
| alternativ<br>Dibondrin | A | 30 mg | i.v.<br>i.m. | anaphylaktischer Schock<br>Allergie, Quincke-Ödem | $H_1$-Rezeptorblocker<br>setzt die Gefäßpermeabilität herab |
| Fenistil | A | 4 mg | i.v. | anaphylaktischer Schock<br>Allergie, Quincke-Ödem | $H_1$-Rezeptor-Antagonist |
| Thiopental<br>Thiopental-Natrium | A | 0,5 g<br>1 g<br>2,5 g | i.v. | Narkoseeinleitung<br>ultrakurz wirksames Narkotikum<br>Senkung des intra-kraniellen Druckes | Abnahme der neuronalen Erregbarkeit<br>erhöhter zerebraler Gefäßwiderstand<br>Abnahme der zerebralen Durch-blutung |
| Valium<br>Diazepam | A | 10 mg | i.m.<br>i.v. | Status epilepticus<br>Krampfanfälle<br>Unruhezustände<br>Eklampsie<br>Sedierung<br>Intubation | Greift am ZNS an:<br>Sedierung<br>Schlafförderung<br>Muskelrelaxierung |
| Vendal<br>Morphinhydrochlorid | A | 10 mg<br>20 mg | i.v.<br>i.m.<br>s.c. | Schmerzzustände | zentral analgetische Wirkung |

| Infusion | Menge | Indikation | Wirkung |
|---|---|---|---|
| Glucose 33% | 100 ml | Hypoglykämie | Steigerung der Blutzuckerwerte |
| Haemaccel<br>Gelatine | 500 ml | Blutverlust<br>Volumenmangel<br>Schock | Volumenersatzmittel<br>Förderung der Mikrozirkulation |
| Isohes<br>Hydroxyethylstärke | 250 ml<br>500 ml | Blutverlust<br>Volumenmangel<br>hypovolämischer Schock<br>Hämodilution | Volumenersatzmittel<br>Förderung der Mikrozirkulation |
| Natriumbicarbonat 8,4% | 100 ml | metabolische Azidose des Blutes | Angleichung des pH-Wertes |
| NaCl<br>Natriumchlorid | 500 ml | Offenhalten von Venenzugängen und Leitungen<br>bei kardialem Notfall<br>Trägerlösung für Medikamente<br>Volumenersatzmittel | Ersatz von Wasser und Mineralsalzen |
| Ringer-Laktat | 500 ml | Medikamententrägerlösung<br>Dehydratation<br>Volumenverlust | Rehydratation des Extrazellulärraumes<br>Volumenersatz |

# Klinische Leitsymptome und Notfälle

1 Wichtige klinische Leitsymptome ........ 119

2 Ursachen für klinische Notfälle ........ 127

3 Klinische Notfälle im Erwachsenenalter ........ 131

4 Klinische Notfälle im Kindesalter ........ 142

# 1 Wichtige klinische Leitsymptome

Jede Erkrankung ist durch eine Vielzahl von Symptomen gekennzeichnet, wobei meist ein Leitsymptom im Vordergrund steht. Die Wahrnehmung dieser Symptome ist ein wesentlicher Bestandteil des Notfallablaufes und zur Diagnosestellung für den Arzt äußerst hilfreich.

Nachfolgend sind einige wesentliche Leitsymptome angeführt. Sie sollen der Wissensauffrischung dienen.

## 1.1 Vegetative Symptome

Das vegetative Nervensystem beeinflußt sehr viele unserer Körperfunktionen. Es läuft ähnlich wie ein Wettstreit zwischen zwei Kontrahenten ab. Der Sympathikus (=sympathisches Nervensystem) stellt Energiereserven zur Verfügung (Freisetzung) und treibt den Organismus an. Sein Gegenspieler ist der Parasympathikus (=parasympathisches Nervensystem). Er dämpft den Organismus und überwiegt in der Ruhephase.

Ähnlich kann auch die Wirkung dieser beiden Systeme in Notfallsituationen gesehen werden. Anhand eines Beispiels wird deren Funktion erläutert.

### 1.1.1 Symptome des Sympathikus

*Stellen Sie sich folgende Situation vor:* Sie befinden sich auf dem Weg nach Hause. Es ist Nacht. Der Weg ist nur schlecht beleuchtet. Plötzlich kommen drei Personen mit Schlagstöcken aus einer Seitenstraße auf Sie zu. Was geschieht?

| Situationsbezogene Reaktion | Sympathikus-Funktion |
|---|---|
| Ihre Augen werden groß | Pupillenerweiterung |
| Das Herz beginnt zu pochen | Anstieg der Herzfrequenz, -kraft und Erregbarkeit |
| Die Bronchien werden weitgestellt | Erleichterung der Atmung |
| Die Hautgefäße werden kontrahiert | kühle, blaße Haut |
| Die Körperhaare werden aufgestellt | „Haaresträuben" |
| Schweißdrüsen werden aktiviert | Schweißsekretion |
| Energie wird benötigt | Glukoneogenese, Lipolyse |

| Situationsbezogene Reaktion | Sympathikus-Funktion |
|---|---|
| „Antreibende" (Streß-) Hormone werden freigesetzt | Somatotropin, Katecholamine, u.a. |
| Streßbedingt verändert sich das Blut | Leukozytose |
| Die Darmfunktion wird reduziert | Entspannung des Magen-Darmtraktes |
| Die Blasenleerung wird verdrängt | Entspannung der Blase |

In dieser Situation ist es notwendig, Energie bereitzustellen, um die Flucht ergreifen zu können. Deswegen ist die Darmfunktion auf ein Minimum reduziert.

### 1.1.2 Symptome des Parasympathikus

*Beispiel:* Sie befinden sich im Urlaub, genießen die Natur und entspannen sich bei einem erfrischenden Getränk. Was geschieht?

| Situationsbezogene Reaktion | Parasympathikus-Funktion |
|---|---|
| Die Pupillen sind klein | Kontraktion des Sphinkter pupillae |
| Der Antrieb wird gedrosselt | Abnahme der Herzfrequenz |
| Die Bronchien werden kontrahiert | Widerstandserhöhung, Atmung wird ruhiger |
| Der Aufbau von Energiereserven steht im Vordergrund | Glukoneogenese, Sekretproduktion, Förderung der Verdauung |

Gleichzeitig ist die Sympathikus-Funktion gedrosselt, wodurch die Hautgefäße weit sind und die Schweißsekretion deaktiviert ist (trockene, warme Haut).

## 1.2 Schmerz

Die Schmerzempfindung ist eine sehr subjektive Wahrnehmung, deren Auslöser nicht immer leicht zu finden ist. Leicht zu diagnostizieren ist der somatische Schmerz, der eine sehr gute Zuordnung erlaubt. Demgegenüber steht der viszerale Schmerz, der nicht immer organbezogen empfunden wird. So projizieren sich einzelne Organe auf entsprechende Dermatome (Hautareale; z.B. Lebererkrankung auf rechte Schulter).

Zur Beurteilung der Schmerzsymptomatik ist eine ausführliche Anamnese unabdingbar. Folgende Kriterien sind dabei von Interesse:

- Lokalisation: regional, segmental, diffus
- Qualität: stechend, bohrend, klopfend, krampfartig
- Zeitlicher Ablauf: akut, allmählich, chronisch
- Intensität: neutral kribbelnd bis zu extrem unerträglich
- Beeinflußbarkeit: Linderung, Verstärkung, Auslösbarkeit
- Begleitsymptome: Übelkeit, Erbrechen, Schwellung, neurologische Störungen, u.a.

Werden alle diese Kriterien sorgfältig erhoben, ist eine gute Zuordnung des Schmerzes möglich. Es ist jedoch wichtig zu wissen, daß durch die Begleitsymptome oft eine Verschleierung der Ursache erfolgen kann.

Es ist sehr schwer, alle möglichen Ursachen für Schmerz zu erwähnen. Einige wenige ausgewählte Beispiele zeigen bereits, wie komplex dieser Bereich ist.

| **Erkrankung** | **Begleitsymptome** |
|---|---|
| Myokardinfarkt | plötzlich auftretender, stechender Schmerz in der Brust mit Vernichtungsgefühl, Ausstrahlung Richtung linke Schulter, linken Arm oder Oberbauch, kaltschweißige, blaße Haut, Übelkeit |
| Lungenembolie | starker Schmerz direkt über dem betroffenen Areal der Brust, Angstgefühl, Dyspnoe, Zyanose, Husten, bei schwerer Symptomatik: kardiogener Schock |
| akutes Abdomen | diffuse Schmerzen, begleitet von Übelkeit und Erbrechen, Abwehrspannung, Klopfschmerz, evtl. zunehmende Bewußtseinsveränderung, Schmerzerleichterung durch Anwinkeln der Beine (Ursachen: Entzündung, Blutung, Perforation, etc.) |

| Erkrankung | Begleitsymptome |
|---|---|
| Nierenkolik | wellenförmiger Schmerz mit Übelkeit und Erbrechen, Ausstrahlung Richtung Genitale, Tachykardie, Schweißausbruch |
| Bandscheibenvorfall | heftiger, zum Teil einschießender Schmerz mit Ausstrahlung, evtl. Bewegungsstörung, lageabhängige Besserung |
| Migräne | anfallsartige Schmerzen begleitet von Übelkeit, Erbrechen, Sehstörung, Lichtscheue |
| Subarachnoidalblutung | plötzlich auftretende, heftige Kopfschmerzen, Nackensteifigkeit, Bewußtseinsveränderung, neurologische Ausfälle |

## 1.3 Schwindel

Dem Schwindel können zwei Ursachen zu Grunde liegen. Einerseits eine Störung des Gleichgewichtsorganes (Innenohr), andererseits eine Beeinträchtigung, zumeist eine Minderdurchblutung, bestimmter Hirnareale. Schwindel ist meist mit anderen Symptomen wie Erbrechen oder Übelkeit assoziiert.

### 1.3.1 Schwindel durch Störung des Gleichgewichtsorganes

Ursachen:
- Durchblutungsstörung
- schneller Lagewechsel
- Morbus Menière

### 1.3.2 Schwindel durch Beeinträchtigung bestimmter Hirnareale

Ursachen:
- Minderdurchblutung durch kardiale Beeinträchtigung (Hypo-, Hypertonie), Atherosklerose, Stoffwechselstörungen (z.B. Diabetes mellitus)
- orthostatische Dysregulation
- Commotio cerebri
- Vergiftung (z.B. Alkohol, Blei, Quecksilber)
- Stoffwechselentgleisung (z.B. Elektrolytstörung)
- Hyperventilation

## 1.4 Bewußtseinsänderung

Das Bewußtsein eines Patienten kann sich allmählich (z.B. Temperaturanstieg) oder plötzlich (z.B. Massenblutung) verändern. Je nach Tiefe der Bewußtlosigkeit können Somnolenz, Sopor und Koma unterschieden werden.

▸ Somnolenz (Schlafzustand)

Der Patient ist durch Ansprechen oder Berühren vorübergehend weckbar.

▸ Sopor

Der Patient ist nur durch Schütteln oder durch Schmerzreize kurz weckbar.

▸ Koma (tiefe Bewußtlosigkeit)

Der Patient ist nicht mehr weckbar.

## 1.5 Stridor

Beim Stridor handelt es sich um ein mit bloßem Ohr hörbares, abnormes Atemgeräusch, dessen Klangcharakter ziehend-juchzend bis pfeifend ist. Die Ursache liegt in einer Verengung der Atemwege.

▸ Inspiratorischer Stridor

Ursachen: Engstelle (Stenose) außerhalb des knöchernen Thorax

Klang: Der Klangcharakter ist ziehend-juchzend.

Vorkommen:
- weicher Kehlkopf (Stridor congenitus)
- Tonsillenhyperplasie
- akute Angina tonsillaris
- Fremdkörperaspiration
- Epiglottitis
- Pseudokrupp

▸ Exspiratorischer Stridor

Ursachen: Engstelle innerhalb des knöchernen Thorax

Klang: Der Klangcharakter ist pfeifend.

Vorkommen:
- Stenosen
- obstruktive Bronchitis
- Asthma bronchiale
- Fremdkörperaspiration
- Kompressionen durch Lymphome oder Tumore

## 1.6 Husten

Husten ist die Reaktion des Körpers auf eine Reizung im Bereich der Atemwege, welche die physiologische Atemfunktion beieinträchtigt.

Nach dem Auftreten des Hustens wird zwischen akutem bzw. chronischem Husten, nach der Qualität zwischen produktivem (feuchtem) bzw. trockenem Husten (= Reizhusten) unterschieden.

Der ***produktive*** Husten hat einen „rasselnden“ Klangcharakter, der dadurch zustande kommt, daß Schleim bewegt wird. Diese Form findet sich zumeist bei einem Atemwegsinfekt, aber auch bei Gasvergiftungen, etc.

Im Unterschied dazu steht der ***trockene*** oder ***Reizhusten***. Bei diesem ist kein Schleim vorhanden, der Klangcharakter ist „hart und schmerzhaft“. Er tritt am Beginn einer Entzündung, bei Atemwegskompression, Tumoren, unspezifischen Reizungen und Fremdkörperaspiration auf.

▸ Ursachen für akuten Husten

Fremdkörperaspiration, akuter Atemwegsinfekt, Reizgase, Pneumonie, allergische Bronchitis, Asthmaanfall

▸ Ursachen für chronischen Husten

Pertussis, postbronchitischer Reizhusten, chronisch behinderte Nasenatmung, Asthma bronchiale, Fremdkörper, Mukoviszidose, Tuberkulose, anatomische Fehlbildung oder Kompression der Atemwege

## 1.7 Dyspnoe

Unter Dyspnoe versteht man eine erschwerte oder gesteigerte Atemarbeit. Sichtbare Zeichen dieses Leitsymptomes sind Nasenflügeln, Tachypnoe, Schnorcheln, Rasseln, Stridor, anstossende Atmung (Pause zwischen Inspiration und Exspiration), Einziehungen, verlängertes Exspirium, Zyanose, Einsatz der Atemhilfsmuskulatur.

Ursachen: Obstruktion, Restriktion (vermindertes Lungenvolumen, Thoraxdeformierungen), Diffusionsstörungen, Störungen des zentralen Atemantriebes, neuromuskuläre Störungen (Zwerchfell, Atemmuskulatur)

## 1.8 Atmungstypen

Eine exakte Zuordnung zu einem Atmungstypus ist nur möglich, wenn die Länge der einzelnen Atemzüge und der zeitliche Ablauf der Atmung genau wahrgenommen wird.

▸ Biot-Atmung

Die Biot-Atmung ist gekennzeichnet durch Atemzüge gleicher Tiefe, die durch plötzliche Atempausen unterbrochen werden.

Ursachen:
- Hirnverletzung
- erhöhter intrakranieller Druck (Blutung, Hirnödem, Meningoenzephalitis)
- gelegentlich bei Neu-, insbesondere Frühgeborenen

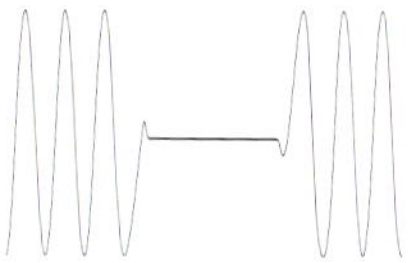

▸ Cheyne-Stokes-Atmung

Die Atemzüge bei der Cheyne-Stokes-Atmung sind durch unterschiedliche Tiefe, gefolgt von einer Atempause gekennzeichnet (Anstieg-Abfall-Pause).

Ursachen:
- Vergiftungen (z.B. Urämie)
- Hochgebirgslagen

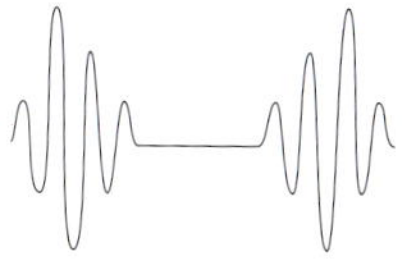

## ▸ Kussmaul-Atmung

Bei der Kussmaul-Atmung handelt es sich um eine regelmäßige Atmung mit tiefen Atemzügen. Sie dient dem verstärkten Abatmen von $CO_2$ bei einer metabolischen Azidose (Ansäuerung des Blutes).

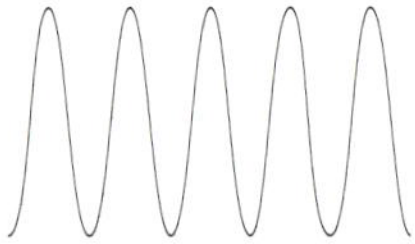

Ursachen:
- Vergiftungen (z.B. Urämie)
- Hochgebirgslagen
- Koma

## ▸ Schnapp-Atmung

Die Schnapp-Atmung ist gekennzeichnet durch eine Dauerexspiration, begleitet von unregelmäßigen, kurzen Inspirationsbewegungen.

Ursachen:
- zerebrale Hypoxie
- Hirnschäden
- gelegentlich bei Frühgeborenen

# 2 Ursachen für klinische Notfälle

Nachfolgend werden die wichtigsten Ursachen für Störungen des Bewußtseins, der Atmung und des Kreislaufs aufgezählt, die beim Notfallcheck von Bedeutung sind.

## 2.1 Ursachen für Bewußtseinsänderungen

Eine Bewußtseinsveränderung kann durch direkte und indirekte Störungen der Hirnfunktion verursacht werden.

- Direkte Beeinträchtigung der Hirnfunktion

| Ursache | Beispiel |
|---|---|
| Verletzung | Schädelhirntrauma |
| gefäßbedingt | Schlaganfall |
| Entzündung | Meningitis |
| Raumforderung | Tumor, Metastasen, Blutung |
| physikalisch | Sonnenstich, Hitzschlag, Unterkühlung |
| funktionell | Epilepsie |

- Indirekte Beeinträchtigung der Hirnfunktion

| Ursache | Beispiel |
|---|---|
| Vergiftung | Medikamente, Drogen, Alkohol |
| Stoffwechselstörungen | Diabetes, Leber-, Nierenversagen (Schock ) |
| Sauerstoffmangel | Ersticken, Ertrinken, Asthma |
| Kreislaufstörung | Schock, Ohnmacht, Blutverlust, Herzinfarkt |
| Drosselung der Durchblutung | Strangulation |
| psychogene Hysterien | |
| Psychosen | |

## 2.2 Ursachen für Atembehinderungen

- Bei Bewußtlosen durch
  - Gesichtsfrakturen
  - Fremdkörper in der Mundhöhle, z.B. Erbrochenes
  - Einatmen von Erbrochenem (Aspiration)
  - Zurücksinken der Zunge

- Bei erhaltenem Bewußtsein durch
  - Verschlucken großer Speisebrocken (Bolusgeschehen)
  - Einatmen von Speisebrocken bzw. Fremdkörpern

- Durch Schwellung im Rachenraum
  - Insektenstich
  - Allergie
  - Erkrankungen (Pseudokrupp, Epiglottitis)

- Weitere Ursachen
  - Ertrinken
  - Verschüttung
  - Strangulation
  - Kehlkopfverletzung
  - periphere Atemlähmung (Rückenmarksverletzung, Kinderlähmung)
  - Pneumothorax
  - Serienrippentrümmerbruch (Pendelatmung)

## 2.3 Ursachen für einen Atemstillstand

- Verlegung der Atemwege
  - Aspiration
  - Fremdkörper
  - zurückgefallene Zunge
  - Schwellung (Allergie, Pseudokrupp)

- Störung der Atemmechanik
  - periphere Atemlähmung (Rückenmarksverletzung, Kinderlähmung)
  - Pneumothorax
  - Serienrippentrümmerbruch (Pendelatmung)
  - Verschüttung

- Störung der Lungenbelüftung
    - Asthma bronchiale
    - Lungenentzündung
    - Lungenblähung (Emphysem)
    - Lungenkrebs

- Störung der Atemregulation (zentrale Atemstörung)
    - Schädelhirntrauma
    - Schlaganfall
    - entzündliche Erkrankungen des Gehirns
    - Vergiftungen (Opiate, Schlafmittel, „Hang over" von Narkotika, etc.)
    - hohes Fieber
    - Hyperventilation

- Störung des Lungenkreislaufs
    - Lungenembolie
    - Lungenödem
    - Einatmen von giftigen Gasen

- Störung des Sauerstofftransportes
    - Schock
    - CO-Vergiftung

- Störung des Gasaustausches
    - $CO_2$-Vergiftung

## 2.4 Ursachen für einen primären Kreislaufstillstand

- Herzinfarkt
- Herzrhythmusstörung
- Stromunfall
- Elektrolytstörung
- Unterkühlung
- Volumenmangel
- Lungenembolie
- massive Luftembolie
- Allergie
- Vergiftung
- Ertrinken
- Schrittmacherausfall
- maximaler Vagusreiz

# 3 Klinische Notfälle im Erwachsenenalter

Alle nachfolgenden Notfälle treten gewöhnlich im Erwachsenenalter auf, können aber auch Kinder (z.B. anaphylaktischer Schock) treffen. Daran ist bei der Erarbeitung des folgenden Lehrstoffes immer zu denken.

## 3.1 Schock

Unter Schock versteht man einen dynamischen, lebensbedrohlichen Zustand, der durch ein Mißverhältnis von zirkulierendem und benötigtem Blutvolumen gekennzeichnet ist. Dieses Mißverhältnis, daß sich sehr schnell entwickeln kann, führt in weiterer Folge zu Störungen der Mikro- und Makrozirkulation.

Demgegenüber steht das Ziel des Organismus, die Versorgung lebenswichtiger Organe aufrecht zu erhalten. Dies geschieht durch eine fein abgestimmte Kreislaufregulation. Im Schockzustand ist diese Regulation anfangs noch vorhanden, kann jedoch – falls keine Unterbrechung der Ursache erfolgt – in einen „circulus vitiosus“ einmünden.

> **!** Vorgeschädigte und kindliche Kreisläufe sind besonders anfällig für Störungen der Zirkulation, da sie nur geringe Kompensationsfähigkeiten besitzen.

### 3.1.1 Pathophysiologie des Schocks

Zu Beginn des Schocks steht meist eine Minderdurchblutung wichtiger Körperorgane (Hypoxie, Anoxie), was zu einer sympathikusgesteuerten Adrenalinausschüttung führt. Adrenalin verursacht einen Anstieg der Herzfrequenz und der Herzkontraktion, gleichzeitig werden die Gefäße enggestellt, der Blutdruck steigt. Weniger wichtige Teile des Körpers werden weniger durchblutet (Haut, Magen-Darm-Trakt, Nieren). Es kommt zur „Zentralisation des Kreislaufes“.

Durch die Verlangsamung der Zirkulation in den weniger durchbluteten Arealen kommt es zur Umstellung auf einen anaeroben Stoffwechsel, zusätzlich entstehen durch Gefäßengstellungen Mikrothromben, die die Gefäße verlegen. Dies führt zu einer neuerlichen Stimulierung der Kreislaufregulation. Sind die Kompensationsmöglichkeiten bereits ausgeschöpft, kann das Herz die geforderte Leistung nicht mehr erbringen. Der Kreislauf mündet in einen „circulus vitiosus“ ein.

Dieser „circulus vitiosus“ ist durch zunehmende Herzfrequenz, Blutdruckabfall, Abflachen der Atmung, Bewußtseinsverlust und schließlich Herzversagen gekennzeichnet.

### 3.1.2 Schockzeichen

▸ Anfangsstadium

Blässe der Haut und Schleimhaut, kalter Schweiß, Kältegefühl, Zittern, leicht beschleunigter, gut tastbarer Puls, Blutdruck noch normal, ebenso die Atmung und Pupillenreaktion; der Patient ist ängstlich, unruhig, aber ansprechbar.

▸ Bedrohliches Stadium

Haut und Fingernägel bläulich gefärbt, Pulsfrequenz stark erhöht, Puls kaum tastbar, Blutdruckabfall (unter 100 mmHg), flache und beschleunigte Atmung, stark eingeengtes und getrübtes Bewußtsein.

▸ Fortgeschrittenes Stadium

Blau-graue Haut, verfallenes Aussehen, peripher nicht mehr tastbarer Puls, Blutdruck nicht meßbar, Atmung oberflächlich, mitunter Schnappatmung, erweiterte, kaum mehr reagierende Pupillen, Bewußtlosigkeit, akute Lebensgefahr!

### 3.1.3 Schockindex

Der Schockindex ist der Quotient aus Pulszahl und systolischem Blutdruck. Er dient zur Abschätzung eines Volumendefizits im Schockzustand.

| Schockindex | Beurteilung | Blutverlust |
|---|---|---|
| 0,5 | normal | < 10% |
| 1 | drohender Schock | < 20-30% |
| 1,5 | manifester Schock | < 30-50% |

### 3.1.4 Diverse Schockformen und die erforderlichen Hilfestellungen

Hilfsleistungen, die allen Schockformen gemeinsam sind:

- Notarztindikation
- Zuspruch
- Überwachung der Vitalfunktionen (Blutdruck und Puls)
- Sauerstoffgabe (4-8 l)
- Herbeiholen des Notfallkoffers
- Vorbereitung zum Legen einer i.v.-Leitung

▸ Hypovolämischer Schock (=Volumenmangelschock)

Ursachen: Verminderung des zirkulierenden Blutvolumens durch
- Blutverlust (innerlich oder äußerlich)
- Flüssigkeitsverlust (Verbrennung, Erbrechen, Diarrhoe)

weitere Hilfsleistungen:
- Schocklagerung (Beine 30° erhöht oder Körper 15° kopftief geneigt)
- Blutung stillen (falls möglich)
- eventuell Vorbereitung für chirurgische Intervention

Medikamente:
- kolloidale (1:1) oder kristalloide Lösung (3:1) in Abhängigkeit vom geschätzten Blutverlust
- bei Bedarf Katecholamine

▸ Kardiogener Schock

Ursachen: Verminderte Auswurfleistung des Herzens durch
- Myokardinfarkt
- Lungenembolie
- maligne Rhythmusstörung
- Kardiomyopathie
- Vergiftung

weitere Hilfsleistungen:
- Flachlagerung bei systolischem Blutdruck < 90 mmHg
- Oberkörper hoch lagern bei systolischem Blutdruck > 90 mmHg (halbsitzende Lagerung)

**!** Beim kardiogenen Schock ist die übliche Schocklagerung (Beine 30° erhöht oder Körper 15° kopftief geneigt) kontraindiziert.

Medikamente:
- Nitroglycerin (wenn $RR_{syst}$ >120 mmHg)
- Analgetica
- Antiarrhythmika (symptomatisch)
- Diuretika (bei Bedarf)
- Katecholamine (bei Bedarf)
- Acetylsalicylsäure
- Heparin

### ▸ Anaphylaktischer Schock

Ursachen: Schwere Unverträglichkeitsreaktion auf
- Medikamente
- Kontrastmittel
- Insektenstiche
- Nahrungsmittel

weitere Hilfsleistungen:
- sofortiges Absetzen des auslösenden Agens (Absetzen der Medikation)

Medikamente:
- Volumenload
- Antiallergika
- Adrenalin
- Kortikosteroide

### ▸ Spinaler Schock

Ursachen:
- Ausfall der zentralen Steuerung des Rückenmarks durch ein Trauma oder eine vaskuläre oder entzündliche Reaktion
- Schädel-Hirn-Trauma

weitere Hilfsleistungen:
- Schocklagerung (Beine hoch) und/oder Immobilisation
- Temperaturkontrolle
- Vorbereitung eines Blasenkatheters

**!** Bei Hinweis auf eine Wirbelsäulenverletzung ist jede unnötige Bewegung zu vermeiden.

Medikamente:
- Volumensubstitution
- Kortikosteroide

## 3.2 Kardiale Notfälle

Ursachen: Angina pectoris, Myokardinfarkt, Rhythmusstörungen

Symptome:
- heftig stechende, von der Herzgegend Richtung linken Arm und/oder Hals und/oder Oberbauch und/oder Rücken ausstrahlende Schmerzen
- Engegefühl
- Atemnot
- Angst- und Vernichtungsgefühl
- zusätzlich Unruhe, Übelkeit, Brechreiz, Erbrechen, Schweißausbruch, Blässe, Blutdruckabfall, Rhythmusstörungen (Tachykardie, Bradykardie, Arrhythmie)

- Notarztindikation
- absolutes Bewegungsverbot
- Abschirmen vor psychischen Einflüssen
- Beruhigung
- Sauerstoffgabe: 6-8 Liter/min mit Inhalationsmaske
- Schockbekämpfung (siehe kardiogener Schock)
- Überwachung der Vitalfunktionen (RR, Puls, Atmung)
- Bereitstellen des Defibrillators

Medikamente:
- Nitroglycerin (wenn $RR_{syst}$ > 120 mmHg)
- Analgetika
- Acetylsalicylsäure
- Heparin
- u.U. Katecholamine

## 3.3 Asthma bronchiale

Ursache:
- Atemnot auf Grund eines hyperreaktiven Bronchialsystems mit Atemwegsobstruktion, ausgelöst durch
  - exogene (allergisches Asthma),
  - endogene (Infektion, Belastung, Psyche, Medikamente) oder
  - kombinierte (exogene/endogene) Reize

Symptome:
- plötzlich auftretender, heftiger Anfall von hochgradiger Atemnot
- verlängerte, erschwerte Ausatmung
- exspiratorischer Stridor
- gestaute Halsvenen
- Angst, Unruhe, aufrechte Haltung des Oberkörpers, Einsatz der Atemhilfsmuskulatur (Abstützen des Oberkörpers)
- blaugraue Hautfarbe, schweißnaße, kalte Haut
- Tachykardie

- Lagerung mit erhöhtem Oberkörper
- Beruhigung
- Sauerstoffgabe: 2-3 l/min

Medikamente:
- β-Mimetikum
- Broncholytika
- Kortikosteroide

## 3.4 Lungenembolie

Ursache:
- Verschluß einer Lungenarterie durch einen losgelösten Thrombus (auch durch Fett, Luft oder einen Fremdkörper)

Symptome:
- akut einsetzende Symptome mit Dyspnoe/Tachypnoe
- Atemnot
- Thoraxschmerzen
- Tachykardie
- Angst und/oder Beklemmungsgefühl
- Husten, Schweißausbruch, selten: Schock

- Beruhigung
- Oberkörperhochlagerung
- Sauerstoffgabe
- Notarztindikation

Medikamente:
- Analgetika
- Kortikosteroide
- Heparin

## 3.5 Neurologische Notfälle

Veränderungen der Bewußtseinslage können Ausdruck verschiedenster, auch nicht ausschließlich neurologischer Notfallsituationen sein. Im Kap. „Klinische Leitsymptome“ wurden diese Veränderungen bereits besprochen.

### 3.5.1 Transitorisch ischämische Attacke (TIA), apoplektischer Insult

Ursachen:
- ischämisch (Minderdurchblutung, Gefäßverschluß)
- hämorrhagisch (Blutung, Aneurysmaruptur)

Symptome:
- plötzlich auftretende Kopfschmerzen
- Übelkeit
- hängender Mundwinkel
- Sprachstörung (Aphasie)
- Halbseitenschwäche, -lähmung
- Bewußtlosigkeit

**!** Aphasie bedeutet nicht, daß der Patient nicht versteht. Es handelt sich ausschließlich um eine Sprachstörung.

- Notarztindikation
- bei reglosen Patienten: Patientenbeurteilung und Setzen der Sofortmaßnahmen
- Schockbekämpfung
- Lagerung von nicht bewußtlosen Patienten:
  bei Hypertonie: mit erhöhtem Oberkörper
  bei Hypotonie: flache Lagerung

Medikamente:
- Antihypertensiva bei extremer Hypertonie
- Volumensubstitution bei Hypotonie
- Antiarrhythmika

### 3.5.2 Epileptischer Anfall

Ursachen:
- perinatal
- Hirntrauma
- Hirntumor
- Alkoholismus
- Gefäßanomalie
- Entzündungen
- zerebrale Ischämien
- oft auch unbekannte Genese

Symptome: Diese sind durch einen phasischen Verlauf gekennzeichnet:
- Vor dem Anfall besteht oft eine Vorahnung (**Aura**; optische, akustische bzw. Geruchswahrnehmung).
- Bewußtseinsverlust, Sturz zu Boden, Muskelverkrampfung (**tonische Phase**), Atemstillstand, Augen nach außen oben gedreht, Mund gespitzt, fehlender Pupillenreflex
- Muskelzuckungen (**klonische Phase**), rhythmische Zuckungen aller Muskeln (ohne Bewegungseffekt), Zungenbiß, Schaum vor dem Mund, blaß-bläuliche Gesichtsfarbe, eventuell Harn- und Stuhlabgang (beweisend für Epilepsie!)

Nach dem Anfall fällt der Patient in eine Schlafphase (**postiktaler Dämmerzustand**), manchmal noch mit Zuckungen. In dieser Phase soll der Patient nicht geweckt, sondern nur beobachtet werden.

**!**

Folgende Fragen sind für die Beurteilung eines epileptischen Anfalls von besonderer Bedeutung:

- Von welcher Seite oder von welchem Körperteil ging der Anfall aus?
- War der Anfall primär oder sekundär generalisiert?
- Wohin blickte der Patient?

Gefahren:
- Verletzungsgefahr bei Sturz
- Aspirationsgefahr bei Nachschlaf, daher Seitenlagerung!
- **Status epilepticus**: Serie von Anfällen, zwischen denen keine Erholung stattfindet

- Patienten vor Zusatzverletzungen schützen (Beiseiteräumen von Gegenständen, Auffangen bei Sturz)
- für Ruhe in der Umgebung sorgen (Wegschicken anwesender Personen)
- Ausschalten von flackernden Lichtern
- bei Status epilepticus und bei Erstanfall: Notarztindikation
- Nach dem Anfall: Ausräumen der Mundhöhle<br>stabile Seitenlage<br>Überwachung der Vitalfunktionen<br>neurologische Untersuchung veranlassen

Medikamente:
- Sedativa
- Antiepileptika

## 3.6 Stoffwechselbedingte Notfälle

Der häufigste stoffwechselbedingte Notfall wird durch eine Störung des Glukosehaushaltes verursacht. Dieser kann entweder durch einen zu hohen oder zu niedrigen Blutzuckerspiegel gekennzeichnet sein.

### 3.6.1 Hyperglykämie

Unter Hyperglykämie versteht man einen zu hohen Zuckerspiegel. Das Krankheitsbild, dessen Leitsymptom ein erhöhter Zuckerspiegel ist, ist die Zuckerkrankheit („Diabetes mellitus“ = honigsüßer Vielharn). Es werden folgende Arten unterschieden:

▸ juveniler (primärer) Diabetes mellitus Typ I (10% aller Diabetiker)

Es handelt sich um eine Autoimmunerkrankung, die zum Verlust der Langerhans-Zellen führt und bereits in Jugendjahren manifest wird.

▸ Diabetes mellitus Typ II (90% der Diabetiker)

Die Ursache liegt in einem erworbenen Defekt der Insulinrezeptoren oder in einer gestörten Insulinsekretion.

▸ sekundärer Diabetes mellitus

Ein sekundärer Diabetes mellitus kann durch Pankreaserkrankungen, Medikamente, genetische Syndrome oder verschiedene endokrine Störungen ausgelöst werden.

Ursachen: (für Hyperglykämie)

- Infekte
- Therapiefehler
- Erstmanifestation
- Streß
- Thyreotoxikose

Symptome:

- deutlich vermehrte Harnausscheidung (honigsüßer Duft)
- trockene Haut und Schleimhaut
- Tachykardie
- Bewußtseinstrübung bis Bewußtlosigkeit (diabetisches Koma)
- Ausatemluft riecht nach Aceton

- situationsgerechte Lagerung (Patientenbeurteilung)
- Notarztindikation
- Blutzuckertest durchführen
- Harnstreifentest

Medikamente:

- reichlich Volumenzufuhr
- Insulin

## 3.6.2 Hypoglykämie

Ursachen:

- Insulinüberdosierung
- Diätfehler
- schlecht eingestellter Diabetes mellitus
- Tumor
- Vergiftung
- Streß

Symptome:

- Heißhunger
- kühle, blasse und schweißige Haut
- Tachykardie
- Zittern

- Doppelbilder
- tonische Krämpfe
- Unruhe
- Bewußtseinstrübung bis Bewußtlosigkeit

- Ist der Patient bei klarem Bewußtsein:
  drei Stück Würfelzucker geben

- Ist der Patient ohne Bewußtsein:
  Notarztindikation
  Patientenbeurteilung und Setzen von Sofortmaßnahmen
  Blutzuckerbestimmung

Medikamente: Glukoseinfusion

# 4 Klinische Notfälle im Kindesalter

Wir möchten nochmals darauf hinweisen, daß die meisten Notfälle des Erwachsenen bereits im Kindesalter auftreten können.

## 4.1 Apparent Life Threating Event (ALTE)

Unter ALTE versteht man eine lebensbedrohliche Episode, die als Vorbote eines SIDS (sudden infant death syndrome) gedeutet werden kann. Studien haben gezeigt, daß eine solche Episode vor allem bei mehrmaligem Auftreten mit einem erhöhten Risiko für einen plötzlichen Kindstod einhergeht.

Ursachen:

- nicht bekannt; bei ca. 50-70% liegt eine definierte Grundkrankheit (Atemwege, Herz, ZNS, Stoffwechsel) vor
- möglicherweise besteht ein Zusammenhang mit dem mitochondrialen Fettsäureabbau
- auch der gastro-intestinale Reflux wird diskutiert

Symptome:

- Apnoe
- Blässe oder Zyanose
- Bradykardie
- schlaffer Muskeltonus

- Kind berühren oder schütteln
- Fußsohlenreiz
- Beruhigung
- Notarztindikation

**!** Bei Eintreffen des Arztes ist das Kind meistens wieder völlig unauffällig.

Prophylaxe:

- Monitoring
- Suche nach Ursachen

## 4.2 Sudden Infant Death Syndrome (SIDS)

Bei SIDS, dem „plötzlicher Säuglingstod“, handelt es sich um ein Ereignis, bei dem der anscheinend gesunde Säugling unerwartet und plötzlich zu atmen aufhört. Dies ereignet sich vorwiegend im Schlaf und betrifft vor allem Säuglinge im 1. Lebensjahr mit einer besonderen Gefährdung um den 3. und 7. Lebensmonat. SIDS gehört zu den häufigsten Todesursachen im Säuglingsalter.

Ursachen:

- trotz weltweit intensiver Forschung noch nicht bekannt
- ein Versagen der zentralen Regulation der vitalen Funktionen (Atmung, Kreislauf) während des Schlafes aufgrund einer Reifungsstörung von autonomen Zentren in der Medulla oblongata wird angenommen
- neuerdings werden auch Durchblutungsstörungen der Arteria vertebralis diskutiert

Symptome:

- Apnoe
- Blässe oder Zyanose
- Bradykardie
- schlaffer Muskeltonus

- Kind berühren oder schütteln
- falls notwendig: Reanimation
- Beruhigung und Betreuung der Anwesenden
- Notarztindikation

Prophylaxe: SIDS kann nicht mit Sicherheit verhindert werden. Einige Risikofaktoren, wie vor allem aktives und passives Rauchen oder Bauchlage, scheinen zu bestehen.

*Weitere Vorsichtsmaßnahmen:*

- Seiten- oder Rückenlage während des Schlafens
- Home-Monitoring
- Schaffen einer harmonischen Umgebung und Ausgeglichenheit
- temperaturgemäße Kleidung und Bettdecke
- angepaßte Raumtemperatur
- Stillen des Babys, wenn es möglich ist
- häufiger Körperkontakt
- regelmäßige Arztbesuche

## 4.3 Krämpfe

Es müssen zwei große Gruppen von Krämpfen unterschieden werden. Solche, die bei ca. 1% aller Neugeborenen auftreten und in ca. 60% der Fälle Zeichen einer Stoffwechselstörung sind, und solche, die Hinweis auf eine Organschädigung geben oder im Zuge einer funktionellen Beeinträchtigung eines Organs auftreten.

### 4.3.1 Neugeborenenkrämpfe

Ursachen:
- Stoffwechselstörungen wie Hypoglykämie (< 30 mg/dl), Hypokalzämie, -natriämie, -magnesiämie, Hypernatriämie, Hyperbilirubinämie (Kernikterus)
- Hirnschädigungen
- intrakranielle Blutungen

**!** Jeder Krampf kann eine Hirnblutung oder Meningitis als Ursache haben!

Symptome:
- in 50% der Fälle nur Apnoe
- Muskelhypotonie
- feine Zuckungen der Augen, Hände und Zehen
- selten generalisierte Krämpfe

- Notarztindikation
- Beruhigung der Anwesenden
- Temperaturmessung
- Blutzuckermessung

Medikamente:
- Sedativa (auch rektal)
- 10% ige Glukoselösung

## 4.3.2 Krämpfe im Kindesalter

Jeder erste Krampfanfall im Kindesalter muß unbedingt neurologisch abgeklärt werden. Dennoch verbleiben einige ohne ersichtliche Ursache (sogenannte Gelegenheitskrämpfe).

### ▸ Zerebrale Krämpfe

Ursachen:
- meistens Gelegenheitskrämpfe
- aber auch Symptom einer Hirnschädigung (Enzephalitis, Meningitis, Tumor, Trauma, Blutung, Mißbildung, Stoffwechselstörung)

Symptome:
meist phasischer Verlauf:
- Prodromalerscheinung: Mißstimmung und Reizbarkeit über Stunden bis Tage, Spasmen und Zuckungen einzelner Muskelgruppen
- zu Beginn des Krampfgeschehens meist Bewußtseinsverlust
- Verdrehen der Augen (bei offenen Lidern), Zungenbiß, Harn-, selten Stuhlabgang, starkes Schwitzen
- Erschöpfungsschlaf oder der Patient öffnet nach einigen Minuten wieder die Augen

- Schutz vor Zungenbiß
- Beruhigung der Eltern
- Notarztindikation
- rektale Sedierung

Medikamente: Sedativa

### ▸ Fieberkrämpfe

Fieberkrämpfe treten meist vor dem 5. Lebensjahr auf und sind Zeichen eines unreifen Temperaturzentrums.

Ursache:
- Temperaturanstieg (beginnender Infekt, unreifes ZNS)

Symptome:
- Fieber
- epilepsieartige Krämpfe

- Notarztindikation
- Wärmeabgabe ermöglichen, kühlen
- Temperaturmessung
- Eltern beruhigen
- rektale Antipyretikagabe

## 4.4 Fremdkörperaspiration

Ursachen:
- Aspiration von festen Nahrungsmitteln, Genußmitteln, kleinen Gegenständen, Puder

Symptome:
- plötzlicher Hustenreiz, Atemnot, Zyanose
- ex- oder inspiratorischer Stridor
- abgeschwächtes Atemgeräusch

- falls möglich: sofortige Entfernung des Fremdkörpers
- bei Säuglingen: Säuglinge an den Beinen hochhalten und zwischen die Schulterblätter klopfen
- bei Kindern: Kinder übers Knie oder den Tisch legen, Oberkörper nach unten und fünfmal kräftig zwischen die Schulterblätter klopfen; bei ausbleibendem Erfolg wird den Kindern auch fünfmal auf das Brustbein geklopft (ERC-Empfehlung)

- bei Puderinhalation: Vorbereitung zur Spülung der Bronchien
- Notarztindikation
- Sauerstoffgabe

## 4.5 Infektionskrankheiten

Zur Unterscheidung der Infektionskrankheiten sind Ursachen und Altersgipfel bei Kindern von besonderer Bedeutung.

### 4.5.1 Pseudokrupp (subglottische Laryngitis)

Ursache:
- Viraler Infekt, gehäuft im Winterhalbjahr abends und nachts bei hoher Luftverschmutzung (Rauchen!)

Altersgipfel: meist unter dem 3. - 4. Lebensjahr

Symptome:
- meist Infektzeichen wie Schnupfen, Husten, Fieber
- zusätzlich in den Abend- und Nachtstunden trockener, bellender, rauher Husten mit Stridor (in- und exspiratorisch)
- Kind ringt nach Luft, ist unruhig und ängstlich

- Aufsetzen
- Luftbefeuchtung (feuchtes Zelt)
- Beruhigung
- Sauerstoffgabe

Medikamente:
- Kortikoide zur Abschwellung
- evtl. Adrenalininhalation

### 4.5.2 Epiglottitis

Ursache:
- bakterielle Infektion (Haemophilus influenzae, Staphylokokkus aureus)

Altersgipfel: Kindergarten-, Volksschulalter

Symptome:
- allmählicher Beginn mit Hals- und Schluckbeschwerden
- Nahrungsverweigerung
- schwerst krankes Kind mit hohem Fieber und schlechtem Allgemeinzustand, kein Husten
- kloßige Sprache
- in- und exspiratorischer Stridor
- rasch progrediente Dyspnoe → Ateminsuffizienz → Exitus

- absolute Notarztindikation!
- Sauerstoffgabe
- Beruhigung von Kind und Eltern
- Vorbereitung zur Intubation und zum Legen einer i.v.-Leitung

Medikamente: Antibiotika

**!**

Bei richtiger Behandlung kann nach 1-3 Tagen extubiert werden; bei falscher Behandlung: hohe Letalität.

Eine Intubation und jegliche Manipulation im Mund- und Rachenraum darf nur von einem Erfahrenen durchgeführt werden.

## 4.6 Asthma bronchiale

Beim Asthma bronchiale handelt es sich um eine häufige, chronische Erkrankung im Kindesalter (2-5%). Es ist durch rezidivierende Atembeschwerden infolge von Bronchienobstruktion sowie hyperreaktive Bronchialschleimhaut gekennzeich net .

Asthma bronchiale gehört ebenso wie Rhinitis, Konjunktivitis und Neurodermitis zum Formenkreis der atopischen Erkrankungen.

Ursachen:
- atopische Erkrankung, zu 15% allergisch bedingt
- bei hyperreaktiver Schleimhaut genügen bereits unspezifische Reize (Staub) oder auch psychische Belastungen.

Symptome:
- akut auftretende Atemnot evtl. mit Angst und Schweißausbruch, verlängertes Exspirium, Einsatz der Atemhilfsmuskulatur (Kind stützt sich mit den Händen ab)
- exspiratorisches Giemen, Pfeifen, Brummen

- Sauerstoffgabe
- Beruhigung
- 2 Hübe des verordneten Dosieraerosols

Medikamente:
- Bronchodilatator
- Kortikosteroide

## 4.7 Verbrühung, Verbrennung

Die Verbrühung und die Verbrennung sind Hitzetraumen, die meist aufgrund von Unachtsamkeit zustande kommen.

Definition:
- Verbrühung: Hitzetrauma durch Flüssigkeiten
- Verbrennungen: Hitzetrauma durch chemische oder thermische Traumen

**!** Bei Säuglingen können bereits Temperaturen, die von Erwachsenen noch toleriert werden, Hitzetraumen verursachen!

Ursachen:
- Herunterziehen von Kochtöpfen, Bügeleisen
- Heizgeräte
- Badewasser

Beurteilung: Das Abschätzen der betroffenen Fläche steht im Vordergrund. Als **Grundregel** gilt:

Die Handfläche des Patienten entspricht ca. 1% der Körperoberfläche.

| | Neugeborenes | > 1. Lj. | > 5. Lj. | Erwachsener |
|---|---|---|---|---|
| Kopf | 21% | 19% | 15% | 10% |
| Rumpf* | 16% | 16% | 16% | 18% |
| jeder Arm | 9,5% | 9,5% | 9,5% | 9% |
| jedes Bein | 14% | 15% | 16% | 18% |

*Gilt für Vorder- oder Rückseite

Symptome:
- Verbrennungs- oder Verbrühungszeichen (meist Brust, Bauch, Arme oder Gesicht)
- starke Schmerzen
- evtl. Bewußtlosigkeit (Schockzeichen)
- hypovolämischer Schock

- Abschätzen der betroffene Fläche
- zuerst Abkühlen mit Kaltwasser (14-24°C) für 15-30 Minuten (auch mit kurzen Pausen); alternativ: nasses Leintuch
- Entfernung der locker sitzenden Kleidung
- steriles Abdecken
- Patientenbeurteilung und evtl. Reanimation
- Notarztindikation
- Vorbereitung zur Intubation, Beatmung und zum Legen von i.v.-Leitungen

Medikamente:
- Analgetika
- Sedativa
- Infusionstherapie
- bei hitzebedingter Schleimhautschwellung: Kortikosteroide

## 4.8 Vergiftungen

Vergiftungen kommen meist durch den „Forscherdrang" von Kindern zustande. Eine Mitursache ist oft die Vernachlässigung der Aufsichtspflicht.

Ursachen:
- Genußmittel (Alkohol, Zigaretten)
- Reinigungsmittel
- Pflanzendünger
- Arzneien

**!** Die Asservatsicherung und das Feststellen eines Fremdverschuldens (Kindesmißhandlung) sind von besonderer Bedeutung.

Symptome:
- plötzlicher Erkrankungsbeginn
- Bewußtseinseintrübung bis zur Bewußtlosigkeit
- Hautveränderung
- charakteristischer Foetor ex ore

Die Hilfsleistung ist abhängig von der Intoxikation.

Generell gilt:
- Notarztindikation
- Sicherung der Lebensfunktion (Selbstschutz!)
- Asservierung der Substanzen
- Vergiftungszentrale anrufen

## Telefonnummer(n) der Vergiftungszentrale(n):

| Ansprechpartner | Telefonnummer |
|---|---|
| | |
| | |
| | |
| | |
| | |
| | |

Zusätzlich gilt:

- Gabe von Aktivkohle
- Flüssigkeitszufuhr (Wasser) nach Belieben! (den Patienten nicht zwingen)
- kein Erbrechen auslösen!

**!**

Eine Magenentleerung darf nur unter speziellen Vorsichtsmaßnahmen durchgeführt werden, da die Gefahr einer Aspiration sehr hoch ist.

Medikamente: Antidotgabe (in Abhängigkeit von der Art der Vergiftung)

# Recht, Ethik und Evaluierung in der Notfallmedizin

*1 Rechtssprechung* .......... *155*

*2 Ethik in der Notfallmedizin* .......... *178*

*3 Utstein-Kriterien für Krankenstationen* .......... *180*

# 1 Rechtssprechung

Aufgrund der bestehenden Rechtsunsicherheiten (wie eine Umfrage an ungefähr 600 Ausbildungsstätten in Österreich, Deutschland und der Schweiz ergab) haben wir uns entschlossen, die Rechtssituationen in den einzelnen Staaten durch ausgewählte Spezialisten erläutern zu lassen.

## 1.1 Rechtssprechung in Österreich (Dr. iur. H. Schwamberger, Innsbruck)

Die im Zuge von Notfällen durchgeführten Handlungen des nichtärztlichen medizinischen Personals sind sowohl aus zivilrechtlicher als auch aus strafrechtlicher Sicht relevant. Der im Notfall Hilfe Leistende übernimmt Verantwortung und haftet auch. Haftung bedeutet, die Verantwortung für die Folgen eines Schadens zu tragen, der schuldhaft verursacht wurde, der vorhersehbar und grundsätzlich auch abwendbar war.

Bei der zivilrechtlichen Haftung geht es um den Schadensersatz, bei der strafrechtlichen Haftung um die Bestrafung. Die zivilrechtliche Haftung kann durch eine Versicherung gedeckt werden (Haftpflichtversicherung), auch haftet der Träger der Krankenanstalt. Die strafrechtliche Haftung trifft immer die Person und kann auch durch eine Versicherung nicht abgewendet werden.

Grundsätzlich hat im Notfall der einzelne die notwendige und wirksamste Hilfe zu leisten, die er aufgrund seiner Ausbildung und der erworbenen Kenntnisse und Fertigkeiten leisten kann.

### 1.1.1 Zivilrecht

• Eine zivilrechtliche Haftung und damit ein Schadenersatz tritt ein, wenn rechtswidrig und schuldhaft ein Schaden verursacht wird. Es muß ein Schaden vorliegen (z.B. Körperverletzung, Schmerz). Der Schaden muß durch das Verhalten der hilfeleistenden Person herbeigeführt worden sein. Die Tätigkeit muß also für den Schadenseintritt kausal sein. Für den Schadenersatz muß die Handlung rechtswidrig sein, also gegen rechtliche Gebote (Gesetz, Vertrag, insbesondere Behandlungsvertrag) verstoßen.

Eine solche Rechtswidrigkeit kann sein:

- Verletzung des Rechts auf Gesundheit
- Verletzung des Rechts auf eine ordnungsgemäße Behandlung
- Verletzung des Rechts auf eine ordnungsgemäße Pflege

- Die Haftung tritt ein, wenn ein Fehler passiert, der zu einem Schaden führt und die im Notfall hilfeleistende Person ein Verschulden trifft. Dieses Verschulden kann sein:

  - Vorsatz: Der Schaden wird absichtlich herbeigeführt.
  - Fahrlässigkeit: Der Schaden wird herbeigeführt, weil die nötige Sorgfalt außer acht gelassen wurde. Wird die zumutbare Sorgfalt grob verletzt, spricht man von grober Fahrlässigkeit, wird sie geringfügig verletzt, von leichter Fahrlässigkeit.

- Der Maßstab für die Sorgfaltspflicht ergibt sich aus dem Tätigkeitsbereich der hilfeleistenden Person. Im Notfall ist jene Hilfe zu leisten, die zumutbar im Regelfall geleistet werden kann.

Die Angehörigen des gehobenen Dienstes für Gesundheits- und Krankenpflege verfügen über entsprechende Erste-Hilfe-Ausbildungen, ebenso die Pflegehelfer, die Angehörigen des gehobenen medizinisch-technischen Dienstes und die medizinisch-technischen Fachkräfte und die Angehörigen der Sanitätshilfsdienste.

Auch sind weiterführende Fort- und Sonderausbildungen in diesem Bereich zu beachten. Der in diesem Rahmen vorgesehene Mindeststandard an Hilfeleistung, je nach Qualifikation, muß erbracht werden können.

- Im Regelfall haftet der Schädiger für eigenes Verschulden. Es haftet aber auch der Arbeitgeber (z.B. Krankenanstalt, freiberuflich tätiger Arzt) für seine Arbeitnehmer (Erfüllungsgehilfen), also für die Krankenpflegepersonen, für die Pflegehelfer oder für die Angehörigen des gehobenen medizinisch-technischen Dienstes.

## 1.1.2 Strafrecht

- Das strafrechtliche Verschulden unterscheidet ebenfalls zwischen Vorsatz und Fahrlässigkeit. Fahrlässiges Handeln ist aber nur dann strafbar, wenn es im Gesetz ausdrücklich unter Strafe gestellt wird.

Fahrlässig handelt, wer die Sorgfalt außer acht läßt, zu der er nach den Umständen verpflichtet, zu der er geistig und körperlich fähig ist und die ihm zugemutet werden kann.

Objektiv sorgfaltswidrig handelt eine Person, wenn ein "Normmensch" sorgfältiger gehandelt hätte. Der Täter wird mit einem "Normmenschen" verglichen, der auch eine differenzierte Maßstabsfigur sein kann. Für die Angehörigen des gehobenen Dienstes für Gesundheits- und Krankenpflege bedeutet dies, daß von ihnen die gleiche Sorgfalt verlangt wird wie sie von einem/einer ordentlichen und pflichtgetreuen Durchschnittskrankenpfleger/-schwester in der konkreten Situation erwartet werden kann.

Subjektiv sorgfaltswidrig handelt eine Person, die trotz einer bestimmten Ausbildung, trotz ihrer geistigen und körperlichen Befähigung, im speziellen Fall die objektiv gebotene Sorgfalt außer acht läßt. Die persönliche Qualifikation ist in diesem Fall der Rahmen, der die Gesundheitsberufe in besonderem Maße betrifft. Hierzu gehört auch der Fall der Einlassungsfahrlässigkeit, bei der sich die Person auf eine Situation einläßt, obwohl sie vorhersehen kann, daß sie ihr nicht gewachsen ist. (Beispiel: Man unterläßt es, einen Arzt zu verständigen, obwohl die eigenen Fähigkeiten zur Bewältigung des Notfalls nicht ausreichen).

Zu beachten ist auch die Vorhersehbarkeit des Erfolges.

• Für den in einem Notfall Handelnden kommen insbesondere folgende Delikte in Betracht:

▸ fahrlässige Körperverletzung

> **!**
>
> Der Täter ist nicht zu bestrafen, wenn ihn kein schweres Verschulden trifft und er eine im Krankenpflegefachdienst, in medizinisch-technischen Diensten oder im Sanitätshilfsdienst tätige Person ist; wenn die Körperverletzung oder Gesundheitsschädigung in Ausübung eines dieser Berufe zugefügt wurde und aus der Tat keine Gesundheitsschädigung oder Berufsunfähigkeit von mehr als vierzehntägiger Dauer erfolgt.

▸ Unterlassung der Hilfeleistung bei einem Unglücksfall oder einer Gemeingefahr

(Rettung aus der Gefahr einer beträchtlichen Körperverletzung oder des Todes; die Hilfeleistung muß zumutbar sein).

▸ eigenmächtige Heilbehandlung

Behandlung einer Person ohne deren Einwilligung (wenn auch nach den Regeln der medizinischen Wissenschaft); eine Einholung der Einwilligung ist nicht erforderlich, wenn durch den Aufschub der Behandlung das Leben oder die Gesundheit des Behandelten ernstlich gefährdet wären.

### 1.1.3 Berufsrecht

• Die Angehörigen der Gesundheits- und Krankenpflegeberufe haben ihren Beruf gewissenhaft auszuüben. Sie haben das Wohl und die Gesundheit der Patienten, Klienten und pflegebedürftigen Menschen unter Einhaltung der hierfür geltenden Vorschriften und nach Maßgabe der fachlichen und wissenschaftlichen Erkenntnisse und Erfahrungen zu wahren. Sie sind zur regelmäßigen Fortbildung verpflichtet. Sie dürfen im Falle drohender Gefahr des Todes oder einer beträchtlichen Körperverletzung oder Gesundheitsschädigung eines Menschen ihre fachkundige Hilfe nicht verweigern (§ 4 GuKG).

Im mitverantwortlichen Tätigkeitsbereich haben die Angehörigen des gehobenen Dienstes für Gesundheits- und Krankenpflege nach ärztlicher Anordnung diagnostische und therapeutische Maßnahmen durchzuführen (Verabreichung von Arzneimitteln; Vorbereitung und Verabreichung von subkutanen, intramuskulären und intravenösen Injektionen; Blutabnahme aus der Vene; Vorbereitung und Anschluß von Infusionen usw. (§ 15 GuKG).

Besonders wird im erweiterten Tätigkeitsbereich der Intensivpflege, Anästhesiepflege und Pflege bei Nierenersatztherapie auf den Notfall Bezug genommen. Zu diesen Tätigkeitsbereichen zählt insbesondere die Mitwirkung an der Reanimation und Schocktherapie (§ 20 GuKG).

Die Pflegehelfer haben bei therapeutischen Verrichtungen nach ärztlicher Anordnung im Einzelfall und unter Aufsicht mitzuwirken (§ 84 GuKG).

• Die gewissenhafte Ausübung des Berufes und die Fortbildungsverpflichtung obliegt auch den Angehörigen der gehobenen medizinisch-technischen Dienste (§ 11 MTD-Gesetz).

• Die gewissenhafte Ausübung des Berufes und die Fortbildungsverpflichtung obliegt auch den Hebammen. Sie dürfen im Notfall ihre fachkundige Hilfe nicht verweigern (§ 6 HebG).

### 1.1.4 Weitere Pflichten

• Für alle Gesundheitsberufe besteht die Verpflichtung zur Verschwiegenheit über alle ihnen in Ausübung ihres Berufes anvertrauten oder bekannt gewordenen Geheimnisse. Dies betrifft vor allem personenbezogene Daten, zu denen auch die Informationen über den Gesundheitszustand einer Person gehören.

• Auskunftspflicht besteht gegenüber dem betroffenen Patienten, Klienten oder pflegebedürftigen Menschen, seinem gesetzlichen Vertreter oder der namhaft gemachten berechtigten Person sowie gegenüber anderen Angehörigen der Gesundheitsberufe (interdisziplinäre Zusammenarbeit im Gesundheitswesen).

• Die Aufklärungspflicht dem Patienten gegenüber obliegt primär dem Arzt. Die Aufklärung soll den Patienten in die Lage versetzen, sein Selbstbestimmungsrecht auszuüben und eine Entscheidung über die Behandlung zu treffen. Je dringender und notwendiger der medizinische Eingriff ist, desto weniger ausführlich muß die Aufklärung sein bzw. umgekehrt.

## 1.2 Rechtslage in Deutschland (Dr. iur. H.-D. Lippert, Blaustein)

Fehlleistungen medizinischen Personals, die zu Körperschäden oder zum Tod des Notfallpatienten führen, können straf- wie zivilrechtliche Sanktionen nach sich ziehen, sofern dem Handelnden ein schuldhaftes, d.h. regelmäßig fahrlässiges (selten vorsätzliches) Handeln oder Unterlassen nachgewiesen werden kann. Zivil- und strafrechtliche Sanktionen stehen dabei nebeneinander. Eine Fehlleistung kann strafrechtlich als fahrlässige Körperverletzung oder fahrlässige Tötung, begangen durch Tun oder Unterlassen, oder als unterlassene Hilfeleistung zu einer Bestrafung des Handelnden sowie unabhängig davon zur Verurteilung auf Ersatz des eingetretenen Schadens und von Schmerzensgeld führen. Nach dem Prinzip der Eigenverantwortung hat jeder für sein deliktisches Handeln einzustehen. In der Bundesrepublik Deutschland besteht (von den bundesrechtlichen Ausbildungsvorschriften abgesehen) für die Pflichten medizinischen Assistenzpersonals keine spezialgesetzliche Regelung. Daher sind auf diese Personen die allgemeinen rechtlichen Regeln anzuwenden.

### 1.2.1 Zivilrechtliche Haftung

- Zivilrechtliche Haftung = Verschuldenshaftung

Die zivilrechtliche Haftung greift nur ein, wenn den Handelnden an seinem Fehlverhalten ein Verschulden trifft. § 276 BGB, der die Sorgfaltsanforderungen bei der vertraglichen Haftung regelt, bestimmt lapidar: Der Schuldner hat Vorsatz und Fahrlässigkeit zu vertreten. Fahrlässig handelt, wer die im Verkehr erforderliche Sorgfalt außer acht läßt. Das Zivilrecht stellt damit - anders als das Strafrecht - einen objektiven Sorgfaltsmaßstab auf. Danach kommt es auf die im Verkehr erforderliche Sorgfalt an und nicht darauf, wozu der Handelnde in der konkreten Situation seinen individuellen Fähigkeiten entsprechend in der Lage war. Die erforderliche Sorgfalt im Zivilrecht bemißt sich danach, welche Sorgfalt ein gewissenhafter Angehöriger eines medizinischen Hilfsberufes unter den gegebenen Umständen anwenden würde. Dieser objektive, berufsbezogene Sorgfaltsmaßstab schafft dem einzelnen Angehörigen einer bestimmten Berufsgruppe einen Handlungsspielraum. Beachtet er die Sorgfaltsregeln seiner Berufsgruppe, so kann er im Normalfall davon ausgehen, keinen Schadenersatzansprüchen wegen seines Handelns ausgesetzt zu sein. Eine Unterschreitung des Standards führt zur Haftung. Ihm mögliche Überschreitungen des Standards muß der Angehörige einer Berufsgruppe vornehmen.

## ▸ Vertragliche Haftung

Die zivilrechtliche Haftung für Schäden, die auf schuldhaften Fehlleistungen beruhen, kann auf mehrere Anspruchsgrundlagen gestützt werden, deren Voraussetzungen nebeneinander erfüllt sein können.

Eine der möglichen Anspruchsgrundlagen ist der Behandlungsvertrag, den der Patient über seine stationäre Behandlung mit dem Träger des Krankenhauses schließt. Wird der Patient als Notfall vom Notarzt ins Krankenhaus transportiert (in welchem dieser arbeitet) so kommt mit dem Träger des Krankenhauses zunächst ein Vertrag über die ambulante Behandlung als Notfall und anschließend ein solcher über die stationäre Behandlung im Krankenhaus zustande.

Vertragspartner des Patienten ist dabei regelmäßig weder das ärztliche noch das nichtärztliche Personal des Krankenhauses, sondern nur dessen Träger. Der Träger des Krankenhauses bedient sich dieses Personals zur Erfüllung seiner vertraglich übernommenen Verpflichtung. Daher wird das eingesetzte Personal auch als Erfüllungsgehilfe bezeichnet. Für dessen Fehlleistungen hat der Träger des Krankenhauses uneingeschränkt einzustehen und im Schadensfall Ersatz zu leisten. Beim gespaltenen Krankenhausaufnahmevertrag mit dem Patienten (etwa beim Belegarzt) ist das medizinische Assistenzpersonal nach wie vor Erfüllungsgehilfe des Krankenhausträgers.

## ▸ Haftung aus unerlaubter Handlung

Der geschädigte Patient kann seinen Ersatzanspruch auf unerlaubte Handlung stützen. Diese Anspruchsgrundlage ist vor allem deshalb von Bedeutung, weil nur sie zum Schmerzensgeld führt.

Voraussetzung ist eine tatbestandsmäßige, rechtswidrige und schuldhafte Körperverletzung oder Gesundheitsbeschädigung, aus der dem Patienten ein Schaden erwächst. Die Widerrechtlichkeit des Eingriffes kann sich einmal aus einer fehlenden Einwilligung (auch einer mutmaßlichen Einwilligung beim Bewußtlosen) ergeben, zum anderen daraus, daß der Heileingriff nicht ordnungsgemäß durchgeführt wird und daher nicht von der Einwilligung des Patienten gedeckt ist.

In Notsituationen, in denen nur ein sofortiges Handeln das Leben des Patienten retten oder ihn vor schweren Schäden bewahren kann, braucht der Arzt mit der Aufklärung und der Einholung der Einwilligung nicht viel Umstände zu machen. Dem Patienten, der gerettet werden will, bleibt keine andere Wahl.

Für Schäden, die ärztliches und nichtärztliches Personal im Rahmen der unerlaubten Handlung schuldhaft verursacht, haftet der Krankenhausträger neben dem eingesetzten Personal (Verrichtungsgehilfen) unter dem Gesichtspunkt des Auswahl- und Anleitungsverschuldens. Hierfür kann der Krankenhausträger den Entlastungsbeweis führen und sich so einer Haftung entziehen.

### ▸ Übernahmeverschulden

Pflichtwidrig handelt auch, wer eine Aufgabe übernimmt, der er nach seiner Aus- und Vorbildung nicht gewachsen ist. Ist dies für ihn erkennbar, trifft ihn ein eigenes Verschulden. Fahrlässig handelt auch, wer einen derart minderqualifizierten Mitarbeiter zum Dienst einteilt, ohne zu prüfen, ob er für die Aufgabe die erforderlichen Kenntnisse und Fähigkeiten besitzt. Auf eine durch Prüfung erbrachte Qualifikation durch Berufsabschlüsse kann sich der den Mitarbeiter Einsetzende allerdings verlassen.

### ▸ Organisationsverschulden

Neben Sorgfaltspflichten des unmittelbar Handelnden gibt es sekundäre Sorgfaltspflichten. Fehler bei der Organisation im Betrieb, bei der Delegation von Aufgaben an das Personal (und seiner Kontrolle) und der Organisation der Zusammenarbeit der Mitarbeiter untereinander können ebenso wie das unmittelbare Handeln Schäden beim Patienten verursachen. Gleiches gilt für den Einsatz von Geräten. Hier muß das Personal in die Funktionsweise und vor allem die Pflege der Geräte eingewiesen werden, so sehen es die MedGV und das Medizinproduktegesetz vor.

Die Beherrschung von Notfällen im Krankenhaus erfordert organisatorische Vorkehrungen für das Funktionieren der internen Rettungskette. Für das Organisationsverschulden trifft den Organisierenden die Eigenverantwortung. Dem Geschädigten gegenüber kann er sich nicht etwa darauf berufen, die Organisation auf einen hierzu Befähigten delegiert zu haben. Steht fest, daß der Schaden des Patienten seine Ursache im Krankenhaus hat, so muß der Träger des Krankenhauses den Beweis dafür erbringen, daß er seinen Bereich ordnungsgemäß organisiert hat und daß der Schaden trotz bester Organisation eingetreten wäre. Dieser Beweis ist so gut wie nicht zu führen.

### ▶ Geschäftsführung ohne Auftrag

Mit einem bewußtlosen Patienten wird kein Behandlungsvertrag geschlossen. Gleichwohl bleiben ärztliche wie nichtärztliche Mitarbeiter auch gegenüber einem solchen Patienten verpflichtet. Dabei haben sie dem mutmaßlichen oder tatsächlichen Willen oder dem Interesse des Patienten entsprechend zu handeln. Entsteht dem Patienten aus dieser Behandlung ein Schaden, der auf einer Verletzung der Pflichten eines Geschäftsführers ohne Auftrag beruht, so ist er dem Patienten zum Schadenersatz verpflichtet. Allerdings ist die Haftung kraft Gesetzes auf Vorsatz und grobe Fahrlässigkeit beschränkt.

### ▶ Rückgriff, Freistellung

Hat der Krankenhausträger als Arbeitgeber des ärztlichen und nichtärztlichen Personals einem Patienten Schadenersatz geleistet, so wird er den Schaden vom eigentlichen Verursacher erstattet haben wollen. Er kann für den Fall, daß den Bediensteten am Zustandekommen des Schadens vorsätzliches oder grob fahrlässiges Handeln nachzuweisen ist, bei diesem Rückgriff nehmen.

Bei den Anspruchsgrundlagen „unerlaubte Handlung" und „Geschäftsführung ohne Auftrag" kann der Geschädigte den Handelnden unmittelbar auf Schadenersatz in Anspruch nehmen. Hat der Bedienstete den Schaden nicht vorsätzlich oder grob fahrlässig herbeigeführt, dann hat er gegen seinen Arbeitgeber einen Anspruch darauf, von dem Ersatzanspruch des Geschädigten freigestellt zu werden.

Die meisten Krankenhäuser haben für Schäden aus Fehlbehandlung Betriebshaftpflichtversicherungen abgeschlossen. In diesem Fall sind die vorstehenden Ausführungen eher theoretischer Natur. Ist dies aber, was vorkommen kann, nicht der Fall, so muß der Bedienstete selbst für den Schutz vor dem Regreßanspruch sorgen und tut gut daran, eine Haftpflichtversicherung abzuschließen, die eben dieses Risiko versichert.

## 1.2.2 Strafrechtliche Verantwortlichkeit

▸ Unterlassene Hilfeleistung

Wer sich im Unglücksfall vorsätzlich der Hilfeleistung entzieht und nicht im Rahmen des Zumutbaren und Erforderlichen die nach seinen Fähigkeiten beste, wirksamste Hilfe leistet oder sie nicht sofort leistet, macht sich nach § 323c StGB einer unterlassenen Hilfeleistung schuldig. Diese Pflicht zu Hilfeleistung gilt für jedermann und an jedem Ort. Für die Hilfeleistung in Notfällen im Krankenhaus ist diese Vorschrift selten einschlägig, wohl aber bei der Behandlung von Notfällen außerhalb, sofern sie nicht durch Kräfte des Rettungswesens (Notfallrettung, Notarztdienst) erfolgt.

▸ Verantwortlichkeit für ein Unterlassen aus der Garantenstellung

Der Tatbestand eines strafrechtlichen Begehungsdeliktes kann regelmäßig auch durch ein Unterlassen entstehen. Dieses Unterlassen, das z.B. zu einer fahrlässigen Körperverletzung oder fahrlässigen Tötung führen kann, ist jedoch erst dann einem aktiven Tun gleichgestellt, wenn den Unterlassenden rechtlich eine Pflicht zum Handeln trifft, er also eine Garantenstellung in Bezug auf den geschädigten Patienten hat.

Bei Patienten im Krankenhaus folgt eine derartige Garantenstellung des Personals für die Patienten bereits aus dem Behandlungsvertrag und ganz konkret aus der Übernahme des Dienstes. Diese Garantenstellung verpflichtet auch zur Hilfeleistung im Notfall und zwar zur qualifizierten Hilfeleistung. Die medizinische Fehlbehandlung, sei sie durch ein Tun oder ein Unterlassen verursacht, erfüllt objektiv den Tatbestand einer Körperverletzung (so die gängige Lehre), die nur durch die Einwilligung des Patienten gerechtfertigt ist. Die Einwilligung rechtfertigt den Eingriff aber nur, wenn er mit der gebotenen Sorgfalt vorbereitet und durchgeführt wird.

▸ Arbeitsteilung

Die Arbeitsteilung zwischen ärztlichem und nichtärztlichem Personal wirkt sich auch auf die strafrechtliche Verantwortlichkeit aus. Zwar ist ärztliches und nichtärztliches Personal jeweils persönlich für sein eigenes Verschulden verantwortlich. Dieses kann aber auch darin bestehen, daß ein Arzt bei der (zulässigen) Delegation von Aufgaben nicht ausreichend qualifiziertes, angeleitetes oder überwachtes Personal einsetzt und der Schaden hierdurch verursacht wird.

▸ Übernahmeverschulden

Der Vorwurf pflichtwidrigen Verhaltens kann sich auch daraus ergeben, daß jemand einen Dienst übernimmt, obwohl er die damit verbundenen Kenntnisse und Fähigkeiten nicht besitzt. Fahrlässig handelt aber auch derjenige, der einen anderen zum Dienst einteilt ohne zu prüfen, ob dieser über die erforderlichen Fähigkeiten verfügt. Der Einteilende kann auf das Vorliegen formaler Ausbildungsqualifikationen vertrauen.

▸ Schweigepflicht und Datenschutz

Ärztliches Personal hat über alles zu schweigen, was es anläßlich der Patientenbehandlung erfährt oder was ihm der Patient hierbei anvertraut hat. Diese Schweigepflicht erstreckt sich auch auf nichtärztliches Assistenzpersonal. Es ist dies eine abgeleitete Schweigepflicht, die so lange Bestand hat, wie der Patient nicht den Arzt von seiner Schweigepflicht entbunden hat. Die Schweigepflicht bleibt auch über den Tod des Patienten hinaus bestehen. Sie entfällt nur da, wo das Gesetz eine Offenbarungspflicht bezüglich bestimmter Tatsachen aus dem Behandlungsverhältnis vorsieht (Seuchen etc.), oder die Schweigepflicht nach gewissenhafter Güterabwägung zugunsten des Schutzes eines höherwertigen Rechtsgutes gebrochen wird. Dem Schutz der Schweigepflicht dient auch das Zeugnisverweigerungsrecht im Prozeß. Die Verletzung der ärztlichen Schweigepflicht kann strafrechtliche Sanktionen nach sich ziehen, aber auch zum Schadenersatz verpflichten.

Die vom Patienten erhobenen Daten unterliegen sowohl der ärztlichen Schweigepflicht als auch den Datenschutzgesetzen des Bundes und der Länder. Das Erheben, Speichern, Verarbeiten und Übermitteln von Daten ist ebenfalls nur mit ausdrücklicher Einwilligung des Patienten zulässig, soweit nicht gesetzliche Vorschriften etwa des StGB dies ausdrücklich zulassen. Auch die Patientenakten unterliegen den datenschutzrechtlichen Vorschriften. Diese Vorschriften sind streng vom Grundsatz der Zweckbindung geprägt. Die Verarbeitung von Daten darf nur im Rahmen desjenigen Zweckes erfolgen, für den sie erhoben wurden. Für das Verhältnis der Datenschutzvorschriften zu denen der Schweigepflicht gilt, daß letztere Vorrang vor ersteren haben.

Weitere Informationen zum Thema enthalten: Lippert/Weißauer, Das Rettungswesen und Lippert / Kern, Arbeits- und Dienstrecht der Krankenhausärzte von A-Z, 2. Aufl., beide Springer- Verlag.

## 1.3 Rechtsmeinung in der Schweiz (Prof. Dr. iur. M. Kuhn, Zürich)

Die Situation in der Schweiz bei rechtlichen Fragen im Zusammenhang von ärztlichen Notfalleinsätzen wird in einem kurzen Überblick dargestellt: zunächst die grundsätzlich bestehende Beistandspflicht, danach die sich aus dem Einsatz u.U. ergebende vermögensrechtliche bzw. strafrechtliche Verantwortlichkeit.

### 1.3.1 Allgemeine Beistandspflicht

*Artikel 128 des Schweizerischen Strafgesetzbuches (StGB)* in seiner neuer Fassung gemäß Bundesgesetz vom 23. Juni 1989, in Kraft seit 1. Januar 1990, stellt die Unterlassung der Nothilfe unter Strafe. Nach dieser Bestimmung wird mit Gefängnis oder mit Buße bestraft (Absatz 3), *wer einem Menschen*, den er verletzt hat, oder *der in unmittelbarer Lebensgefahr schwebt, nicht hilft, obwohl es ihm zugemutet werden könnte* (Absatz 1), ferner wer andere davon abhält, Nothilfe zu leisten oder sie dabei behindert (Absatz 2).

Nach der allgemeinen Beistandspflicht, die Artikel 128 Absatz 1 StGB nach der Revision von 1989 bei Lebensgefahr vorsieht, ist grundsätzlich jedermann verpflichtet, einem in unmittelbarer Lebensgefahr schwebenden Menschen Hilfe zu leisten.

In *objektiver* Hinsicht kann den Vergehenstatbestand von Artikel 128 Absatz 1 StGB nur erfüllen, wer aufgrund der äußeren Umstände in der Lage ist, die dem Opfer drohende Lebensgefahr festzustellen und dagegen einzuschreiten. Dies trifft in erster Linie für Personen zu, die sich in unmittelbarer Nähe des gefährdeten Menschen aufhalten oder dorthin gelangen. Benachrichtigt der Gefährdete selber oder ein Anwesender einen Arzt, so kommt auch dieser als Täter in Betracht.

Ferner löst nicht jede Verletzung die allgemeine Beistandspflicht aus, sondern nur eine unmittelbare Lebensgefahr, die ein sofortiges Einschreiten erfordert. Die Ursache der Gefahr ist grundsätzlich ohne Bedeutung: Es kann sich um einen Unfall mit schweren Verletzungen, um eine Krankheit (Herzanfall, Hirnblutung, etc.) oder aber um eine beliebige äußere Gefahr handeln. Die Hilfspflicht entfällt hingegen bei urteilsfähigen Menschen, die sich durch suizidale Handlungen selber in Lebensgefahr gebracht haben oder die Hilfe ausdrücklich ablehnen.

Eine Hilfspflicht besteht nur im Rahmen der sog. Tatmacht: Den Tatbestand von Artikel 128 Absatz 1 StGB erfüllt nur, wer die erforderlichen Hilfsmaßnahmen nicht ergreift, obwohl er die Möglichkeit dazu hätte, was bei einem Arzt wohl eher zutreffen wird. Der passiv Bleibende kann insbesondere nicht verantwortlich gemacht werden, wenn ihm die Fähigkeit zur Hilfeleistung aus physischen oder psychischen Gründen fehlt. Artikel 128 Absatz 1 StGB fordert darüber hinaus von den zum Eingreifen fähigen Personen Hilfeleistung nur insoweit, als sie ihnen nach den Umständen zugemutet werden kann. An der Zumutbarkeit fehlt es, wenn sich der Pflichtige dabei selber einer erheblichen Gefahr aussetzen würde oder die Hilfe mit unverhältnismäßigen Anstrengungen, Schmerzen oder psychischen Belastungen verbunden wäre. Für die Strafbarkeit des passiven Verhaltens ist es unerheblich, ob die unterbliebene Hilfe wirksam gewesen wäre oder nicht.

*Subjektiv* ist für die Strafbarkeit Vorsatz erforderlich, was Bewußtsein um die konkrete Lebensgefahr und um die geeigneten Hilfsmassnahmen voraussetzt.

Mit Inkrafttreten des revidierten Artikels 128 StGB im Jahre 1989 haben die Kantone jegliche Gesetzgebungskompetenz in diesem Bereich verloren. *Kantonale Übertretungstatbestände*, welche die Unterlassung der Nothilfe mit Strafe bedrohen, haben daher keine Geltung mehr. Die Übertretung kantonal gesundheitsrechtlicher Pflichten bleibt hingegen strafbar. § 12 Absatz 2 des Gesetzes über das Gesundheitswesen des Kantons Zürich (Gesundheitsgesetz) verpflichtet z.B. Ärzte, Zahnärzte, Apotheker und Hebammen, in dringenden Fällen Beistand zu leisten. Wer diese Beistandspflicht vorsätzlich oder fahrlässig verletzt, wird nach § 85 Gesundheitsgesetz mit Busse bestraft. Ähnliche Vorschriften finden sich auch in anderen kantonalen Gesundheitsgesetzen. Der Arzt ist somit in dringenden Fällen im Rahmen seiner Fähigkeiten zur Hilfeleistung verpflichtet, und zwar unabhängig davon, ob der Notfall eine direkte Folge einer vorausgegangenen ärztlichen Behandlung ist oder nicht. Da die kantonalen Vorschriften nicht an eine unmittelbare Lebensgefahr anknüpfen, geht die sich daraus ergebende ärztliche Beistandspflicht im Vergleich zu Artikel 128 StGB weiter. Umgekehrt findet aber auch diese Beistandspflicht ihre Grenzen am Willen des Betroffenen (s.u.).

Zu erwähnen ist schließlich, daß der Staat für eine zweckmäßige Organisation des Notfalldienstes zu sorgen hat (s. § 12 Absatz 3 Gesundheitsgesetz).

## 1.3.2 Vermögensrechtliche (privat- bzw. öffentlich-rechtliche) Verantwortlichkeit

Wird der Patient notfallmäßig von einem frei praktizierenden Arzt oder Kassenarzt bzw. in einem Privatspital behandelt, kommt grundsätzlich Privatrecht zur Anwendung (s.u.). Erfolgt die Behandlung durch einen Amtsarzt oder im Notfalldienst eines staatlichen (bzw. eines vom Staat unterstützten) Spitals, beurteilt sich seine Rechtsstellung grundsätzlich nach öffentlichem Recht (s.u.), das in der Regel auch einen anderen Verfahrensweg vorsieht.

▸ Privatrechtliche Verantwortlichkeit

Die Behandlung eines Patienten durch einen frei praktizierenden Arzt oder Kassenarzt bzw. in einem Privatspital erfolgt in der Regel im Rahmen eines privaten Vertragsverhältnisses; nach nunmehr unbestrittener Lehrmeinung handelt es sich bei diesem Vertragsverhältnis – besondere Vereinbarungen bzw. einige Sonderfälle vorbehalten – um einen Auftrag im Sinne von Artikel 394 ff. Obligationenrecht (OR) (s.u.). Ausnahmsweise und insbesondere. bei einer Hilfeleistung im Notfall kommt es vor, daß der Arzt ohne ausdrücklichen oder stillschweigenden Auftrag tätig wird; dann handelt er als Geschäftsführer ohne Auftrag im Sinne von Artikel 419 ff. OR (s.u.). Ein Fehlverfahren des Arztes kann aber auch Ansprüche aus unerlaubter Handlung im Sinne von Artikel 41ff. OR auslösen (s.u.).

▹ *Haftung aus Auftrag = vertragliche Haftung (Artikel 394 ff. OR)*

Im Normalfall sucht der Patient einen Arzt auf und schildert ihm seine Beschwerden. Wird der Arzt daraufhin tätig, so ist – in der Regel mindestens stillschweigend – ein Vertrag zustandegekommen, dessen Inhalt zum Teil durch Gesetz (Auftragsregeln), zum Teil durch individuelle Vereinbarung konkretisiert wird. Im Rahmen dieses meistens stillschweigend erteilten Auftrages verpflichtet sich der Arzt als Beauftragter gegenüber dem Patienten als Auftraggeber, in eine bestimmte Richtung tätig zu werden, namentlich alles zu unternehmen, was für eine Verbesserung seines Gesundheitszustandes und wenn möglich für seine Heilung förderlich ist, und alles zu vermeiden, was ihm schaden könnte (vgl. Artikel 394 Absatz 1 OR, der die vertragsgemäße Besorgung der übertragenen Geschäfte oder Dienste erwähnt, sowie Artikel 398 Absatz 2 OR, wonach der Arzt für getreue und sorgfältige Ausführung der ihm übertragenen Dienstleistung haftet).

• Pflicht zur Aufklärung und zum Einholen der Einwilligung des Patienten

Vor jedem Tätigwerden hat der Arzt den Patienten aufzuklären über die Diagnose, über Art, Tragweite, voraussichtlichen Verlauf und Folgen der geplanten Behandlung bzw. des geplanten Eingriffes, über deren Risiken im Verhältnis zu den Heilungschancen, über allfällige andere Therapien und über die bei Unterbleiben der Behandlung bzw. des Eingriffes zu erwartenden Verschlechterung des gegenwärtigen gesundheitlichen Zustandes. Diese Aufklärung bildet die notwendige Grundlage für eine rechtlich gültige Einwilligung des Patienten in die vorgeschlagene Behandlung bzw. in den vorgesehenen Eingriff; die Einwilligung kann sodann allerdings auch stillschweigend erfolgen.

Behandelt der Arzt den Patienten ohne Aufklärung und demzufolge ohne rechtsgenügende Einwilligung, ist sein Verhalten vertragswidrig und bei Fehlen eines anderen Rechtfertigungsgrundes auch widerrechtlich (s.u.) bzw. strafbar (s.u.); es verpflichtet ihn sodann zu Schadenersatz, selbst wenn ihm persönlich kein Kunst- oder Behandlungsfehler bzw. keine Sorgfaltspflichtsverletzung vorgeworfen werden kann.

• Pflicht zur Ermittlung des Autragsumfanges

Die Sorgfalts- und Treuepflicht gemäß Artikel 398 Absatz 2 OR umfaßt auch die Pflicht zur Ermittlung des Auftragsumfanges. Dabei hat der Arzt das Selbstbestimmungsrecht des Patienten zu beachten, indem er gegen dessen (zweifelsfrei feststehenden) Willen keine Behandlung durchführen darf.

• Pflicht zur Durchführung der Heilbehandlung lege artis

Auch diese Pflicht ergibt sich aus der Sorgfalts- und Treuepflicht gemäß Artikel 398 Absatz 2 OR. Der Arzt darf nach einer umfassenden Aufklärung des Patienten und nach eingeholter Einwilligung weder einen Kunst- bzw. Behandlungsfehler begehen, noch allgemein anerkannte Regeln der ärztlichen Wissenschaft und Praxis (Heilkunst) infolge eines Mangels an gehöriger Aufmerksamkeit oder Vorsicht mißachten.

• Rechenschafts- und Dokumentationspflicht

Nach Artikel 400 Absatz 1 OR ist der Beauftragte verpflichtet, dem Auftraggeber auf Verlangen jederzeit über seine Geschäftsführung Rechenschaft abzulegen. Daraus ergibt sich zum einen eine Dokumentationspflicht: Der Arzt muß über seine gesamte präventive und kurative Tätigkeit Aufzeichnungen machen und ist verpflichtet, eine Krankengeschichte zu führen. Sodann verpflichtet die erwähnte Bestimmung den Arzt, dem Patienten auf dessen Verlangen hin, Unterlagen (z.B. Röntgenbilder) herauszugeben. Schwierig gestaltet sich indessen in der Praxis die Abgrenzung zwischen aushändigungspflichtigen und nicht aushändigungspflichtigen Dokumenten. In der Literatur wird zwischen einem (weitgehenden) Anspruch des Patienten auf Einsichtnahme und einem (eingeschränkten) Anspruch auf Herausgabe unterschieden. Eine Grundlage für das Auskunftsrecht des Patienten findet sich auch in Artikel 8 des neuen Datenschutzgesetzes vom 19. Juni 1992, in Kraft seit 1. Juli 1993.

- Diskretions- und Geheimhaltungspflicht

Diese Pflicht verbietet es dem Arzt, seine Kenntnisse aus dem Auftragsverhältnis ohne Ermächtigung des Patienten an Dritte preiszugeben. Dies gilt, so lange der Patient urteilsfähig ist, auch seinen Angehörigen und seinem Ehegatten gegenüber. Eine Verletzung der beruflichen Schweigepflicht kann für den Arzt sowohl zivilrechtliche Konsequenzen (vgl. Artikel 15 Datenschutzgesetz in Verbindung mit Artikel $28^{bis}$ - 28h Zivilgesetzbuch [ZGB]) als auch eine strafrechtliche Verurteilung (vgl. Artikel 321 - $3.21^{bis}$ StGB und Artikel 35 Datenschutzgesetz) zur Folge haben.

Das Korrelat zu den ärztlichen Pflichten stellen die *Patientenrechte* dar, im Vordergrund stehen folgende Rechte: das Selbstbestimmungsrecht; das Recht, ohne Einwilligung keine Behandlung erdulden zu müssen; der daraus fließende Anspruch auf eine umfassende ärztliche Aufklärung; das Widerrufsrecht (Artikel 404 OR), das bei Störung des dem Auftrag zugrundeliegenden Vertrauensverhältnisses zum Zuge kommen kann etc.

Die vertragliche Haftung (Haftung aus Auftrag) beinhaltet die Pflicht des Arztes, dem Patienten den Schaden zu ersetzen, den dieser wegen Nicht- bzw. nicht gehöriger Erfüllung des Vertrages – zumeist infolge Verletzung der ärztlichen Sorgfaltspflicht oder mangelnder Aufklärung bzw. fehlender Einwilligung – erlitten hat. Der geschädigte Patient hat bei der Geltendmachung seines vertraglichen Schadenersatzanspruches neben dem Vorliegen eines *Schadens* eine *Vertragsverletzung* sowie den *adäquaten Kausalzusammenhang* zwischen der Vertragsverletzung und dem eingetretenen Schaden zu beweisen, Umgekehrt –und insbesondere anders als bei der außervertraglichen Haftung – ist die Beweislast bezüglich des Verschuldens: Gemäß Artikel 398 Absatz 1 OR in Verbindung mit Artikel 97 Absatz 1 OR. wird – wenn der Patient die übrigen drei Voraussetzungen (Schaden, Vertragsverletzung, adäquater Kausalzusammenhang) nachgewiesen hat – das Verschulden des Arztes vermutet; ihm steht der sog. Exkulpationsbeweis offen, daß ihn an der Vertragsverletzung kein Verschulden trifft. Zu den einzelnen Voraussetzung der vertraglichen Haftung nur folgendes:

- Schaden

Die Feststellung eines Schadens bereitet in der Arzthaftung in der Regel keine ernsthaften Schwierigkeiten. Jedenfalls bedeutet nicht schon jeder Mißerfolg einer ärztlichen Behandlung einen Schaden. Vielmehr ergibt sich dieser nach der Lehrmeinung aus dem "Unterschied zwischen dem voraussichtlichen Zustand des Patienten bei pflichtgemäßer Behandlung und dem tatsächlichen Resultat der durchgeführten Therapie, und zwar in „finanzieller Hinsicht". Nach dieser Definition können als Schaden durch eine Fehlbehandlung allenfalls entstandene Mehrkosten in Rechnung gestellt werden.

- Vertragsverletzung

Die Vertragsverletzung – das Korrelat zur Widerrechtlichkeit bei der außervertraglichen Haftung – ist immer nach objektiven Gesichtspunkten zu beurteilen. Sie liegt insbesondere dann vor, wenn der Arzt einen Kunst- bzw. Behandlungsfehler begangen bzw. allgemein anerkannte Regeln der ärztlichen Wissenschaft und Praxis (gesicherte und bewährte medizinische Erkenntnisse und Erfahrungen) infolge eines Mangels angehöriger Aufmerksamkeit und Vorsicht mißachtet hat, womit diese Art der Vertragsverletzung mit einer Verletzung der objektiv geschuldeten und gebotenen ärztlichen Sorgfaltspflicht gleichzusetzen wäre.

Eine weitere typische Vertragsverletzung liegt vor, wem der Arzt ohne Einwilligung des Patienten tätig geworden oder seiner Aufklärungspflicht nicht oder ungenügend nachgekommen ist.

Schließlich kann die Vertragsverletzung auch in einem Verstoß des Arztes gegen vertraglich übernommene oder gesetzliche Pflichten liegen. Unter diese Kategorie fällt insbesondere ein Verstoß gegen die grundsätzliche ärztliche Pflicht, alles zu unternehmen, um den Patienten zu heilen und alles zu vermeiden, was ihm schaden könnte (sog. positive Vertragsverletzung).

- Adäquater Kausalzusammenhang

Im Rahmen der Arzthaftung dürfen die Anforderungen an den adäquaten Kausalzusammenhang nicht zu hoch angesetzt werden: Es genügt, wenn ein Schaden als mögliche Folge ärztlichen Handelns betrachtet werden ums.

- Verschulden

Als Verschulden gilt ein menschliches Verhalten, das die Ursache eines Schadens darstellt und als so tadelnswert angesehen wird, daß es die Haftbarmachung des Schädigers zu rechtfertigen vermag. Wertungsgrundlage bildet die üblicherweise zu erwartende Fähigkeit eines Durchschnittsbürgers oder eines durchschnittlichen Schuldners der betreffenden Berufsgruppe (sog. objektivierter Fahrlässigkeitsbegriff). In einem Entscheid aus dem Jahre 1987 entschied das Schweizerische Bundesgericht, daß ein Arzt im Vergleich zu anderen Beauftragten keine Privilegierung verdiene und ebenfalls für jede Fahrlässigkeit einzustehen habe.

▹ *Haftung aus Geschäftsführung ohne Auftrag (Artikel 419 ff. OR)*

In einer Notfallsituation kommt es häufig vor, daß ein Arzt einen unaufschiebbaren Eingriff an einem bewußtlosen oder sonstwie urteilsunfähigen Patienten vorzunehmen hat. Ist der Patient zu rechtsgültigen Willensäußerungen unfähig, kann kein Vertrag zwischen ihm und dem Arzt zustandekommen, Diesfalls kommen die Regeln der Geschäftsführung ohne Auftrag zur Anwendung. Der Arzt hat demnach so zu handeln, wie es dem Wohl und dem hypothetischen Willen des Patienten entspricht (vgl. Artikel 419 OR: "Wer für einen anderen ein Geschäft besorgt, ohne von ihm beauftragt zu sein, ist verpflichtet, das unternommene Geschäft so zu führen, wie es dem Vorteile und der mutmaßlichen Absicht des anderen entspricht"). Dem mutmaßlichen Patientenwillen kommt dabei vorrangige Bedeutung zu; der Arzt wird sich regelmäßig bei den nächsten Angehörigen erkundigen, um diesen in Erfahrung zu bringen. Jeder noch so unvernünftige Patientenwille ist zu beachten; insbesondere geht es nicht an, eine vom Patienten bei Bewußtsein abgelehnte und daher unzulässige Behandlung vorzunehmen, sobald der Patient bewußtlos ist. Grundsätzlich haftet der ohne Auftrag handelnde Arzt nach Artikel 420 Absatz 1 OR für jede *Fahrlässigkeit.* Handelte er zur Abwendung eines schweren gesundheitlichen Schadens oder einer unmittelbaren Lebensgefahr, so ist seine Haftung milder zu beurteilen (Artikel 420 Absatz 2 OR in Verbindung mit Artikel 99 Absatz 2 OR).

▹ *Haftung aus unerlaubter Handlung = außervertragliche Haftung (Artikel 41 ff. R)*

Die Haftung des Arztes aus unerlaubter Handlung ist insbesondere gegeben, wenn zwischen dem schädigenden Arzt und dem geschädigten Patienten kein Vertragsverhältnis besteht, wie z.B. beim eigenmächtig vorgenommenen ärztlichen Eingriff (s.u.). Nebst dem *Schaden*, der *Widerrechtlichkeit* und dem *adäquaten Kausalzusammenhang* (zwischen dem Verhalten des Arztes und dem eingetretenen Schaden) muß auch ein *Verschulden* des Arztes vorliegen, für das der geschädigte Patient – anders als bei der vertraglichen Haftung –, ebenfalls die Beweislast trägt. Die Widerrechtlichkeit – das Korrelat zur Vertragsverletzung bei der vertraglichen Haftung – liegt bei einem ärztlichen Eingriff in der Verletzung eines geschützten Rechtsgutes. Im Vordergrund stehen das Leben, die körperliche Integrität und die Gesundheit. Die Verletzung eines dieser Rechtsgüter stellt zumeist auch einen Verstoß gegen eine sog. Grundschutznorm dar; nur das Vorliegen eines Rechtfertigungsgrundes läßt ein an sich widerrechtlicher ärztlicher Eingriff wieder rechtmäßig werden. Besteht zwischen Arzt und Patient ein Auftragsverhältnis und verletzt der Arzt im Rahmen seiner Behandlung (insbesondere wegen fehlender Einwilligung bzw. ungenügender Aufklärung) ein geschütztes Rechtsgut, so steht es dem Patienten frei, seinen Schadenersatzanspruch auf vertraglicher oder außervertraglicher Basis durchzusetzen (Konkurrenz zwischen vertraglicher und außervertraglicher Haftung). Festzuhalten gilt es jedoch, das gewisse Ansprüche bloß außervertraglich geltend gemacht werden können (insbesondere der Versorgerschaden gemäß Artikel 45 Absatz 3 OR).

▸ Öffentlich-rechtliche Verantwortlichkeit

Haftungsgrundlage bei Pflichtverletzungen in öffentlich-rechtlich geführten Spitälern bilden die kantonalen Verantwortlichkeits- bzw. Staatshaftungsgesetze: Neben sehr alten Gesetzen, welche vorwiegend auf die privatrechtliche Haftungsregelung abstellen, sehen neuere Gesetze vorzugsweise eine primäre (verschuldensunabhängige) Kausalhaftung des Staates vor. Der Kanton Zürich z.B. haftet aufgrund von § 6 des Gesetzes über die Haftung des Staates und der Gemeinden sowie ihrer Behörden und Gemeinden (Haftungsgesetz) kausal für den Schaden, den ein in einem öffentlich-rechtlich geführten Spital tätiger Arzt in Ausübung seines Berufes einem Patienten widerrechtlich zufügt. Gemäß § 3 der Zürcher Verordnung über die Rechte und Pflichten der Patienten in staatlichen und vom Staat unterstützten Krankenhäusern (Patientenrechtsverordnung) hat die Behandlung der Patienten nach den anerkannten Regeln der medizinischen Wissenschaften und den Grundsätzen der Humanität zu erfolgen. Ein Verstoß gegen allgemein anerkannte Grundsätze der ärztlichen Wissenschaft und Praxis ist demzufolge widerrechtlich. Positiv ausgedrückt ist der Arzt in

Analogie zur privatrechtlichen Haftung (s.o.) dazu verpflichtet, alle Sorgfalt anzuwenden, die von ihm aufgrund seiner Ausbildung und Berufserfahrung erwartet werden kann. Ein *widerrechtliches Verhalten* des Arztes wiederum führt zu einer Ersatzpflicht (des Staates). Erforderlich ist allerdings weiter, daß ein *Schaden* entstanden ist, der durch das ärztliche Fehlverhalten *adäquat* kausal verursacht worden ist. Ein Verschulden ist im Kanton Zürich nicht Haftungsvoraussetzung (Kausalhaftung).

### 1.3.3 Strafrechtliche Verantwortlichkeit

Das Schweizerische Strafgesetzbuch (StGB) schützt die körperliche Integrität ebenfalls umfassend und verbietet dem Grundsatz nach – bei Androhung von Strafe – jedermann, ohne Erlaubnis des Betroffenen in dessen physische oder psychische Integrität einzugreifen. Demzufolge erfüllt auch jeder ärztliche Eingriff in die körperliche Unversehrtheit eines Menschen grundsätzlich den Straftatbestand einer Tätlichkeit bzw. einer Körperverletzung. Vorbehalten bleiben die sog. Rechtfertigungsgründe, bei deren Vorliegen ärztliches Handeln rechtmäßig wird. Vorliegend interessiert insbesondere der Rechtfertigungsgrund der *tatsächlichen bzw. mutmaßlichen Einwilligung des Patienten.*

Auszugehen ist vom Normalfall eines *urteilsfähigen* Patienten, der selber über die Vornahme des Eingriffes entscheiden kann. Dies ist anzunehmen, wenn der Patient in der Lage ist, die ihm vom Arzt aufgrund der Diagnose erklärten Indikationen und möglichen Risiken des vorgesehenen Heileingriffes, aber auch die Folgen bei dessen Unterbleiben, zu erkennen und auf dieser Grundlage einen eigenständigen Entscheid zu treffen (s. Artikel 16 ZGB: „fähig, vernunftgemäß zu handeln"). In diesem Fall steht es angesichts der höchstpersönlichen Natur des Rechts auf körperliche Integrität ihm allein zu, über die Vornahme des Eingriffes zu befinden (Artikel 19 Absatz 2 ZGB). Selbst wenn dieser notwendig wäre, um ihn vor schweren Schädigungen oder sogar vor dem Tod zu bewahren, kann er den Eingriff - etwa aus konfessionellen oder aus anderweitigen Gründen - mit für den Arzt bindender Wirkung ablehnen. Darf bei geringfügigen Eingriffen ohne erhebliches Risiko regelmäßig von einer stillschweigenden Einwilligung des Patienten ausgegangen werden, ist für größere oder mit erheblichen Risiken verbundene Operationen stets eine *ausdrückliche, nach eingehender* Aufklärung *erteilte Einwilligung des Patienten* erforderlich.

Bei dauernder oder vorübergehender *Urteilsunfähigkeit* des Patienten – z.B. infolge Bewußtlosigkeit oder aus anderen Gründen – sind für die Frage der Rechtmäßigkeit des ärztlichen Eingriffes folgende Varianten zu unterscheiden:

- Ist der urteilsunfähige Patient mündig (s. Artikel 14 ZGB), beurteilt sich die Rechtmäßigkeit des Eingriffes in Anlehnung an seinen hypothetischen Willen auf der Basis folgender Frage: Wäre er mit dem Eingriff einverstanden, wenn er sich im psychischen Normalzustand befände und den Entscheid selber treffen könnte? Läßt sich diese Frage – in der Regel durch den behandelnden Arzt oder seine Berufskollegen nach pflichtgemäßem Ermessen, ausnahmsweise, wenn keine Dringlichkeit besteht, durch die vom Arzt herbeigezogene Vormundschaftsbehörde – positiv beantworten, wird der Eingriff in die körperliche Integrität durch den Rechtfertigungsgrund der *mutmaßlichen Einwilligung des Patienten* gedeckt und dadurch rechtmäßig. Maßgebend wird insbesondere sein, ob der ärztliche Eingriff im objektiven Interesse des Patienten geboten ist und der voraussichtliche Erfolg in einem angemessenen Verhältnis zu den damit verbundenen Risiken steht. Vorbehalten bleibt die allenfalls bereits bekannte oder abzuschätzende subjektive Haltung des Patienten gegenüber medizinischen Behandlungen im allgemeinen und dem konkret vorgesehenen Eingriff im besonderen.

- Ist der urteilsunfähige Patient unmündig und steht er unter elterlicher Gewalt (s. Artikel 296 ZGB), obliegt der Entscheid zur Durchführung eines ärztlichen Eingriffes bei seinen Eltern (s. Artikel 301 Absatz 1 ZGB und Artikel 304 Absatz 1 ZGB). Übt ein Elternteil z.B. nach einer Scheidung oder aus anderen Gründen die elterliche Gewalt allein aus (s. Artikel 297 Absatz 2 und 3 ZGB sowie Artikel 298 ZGB), ist er ausschließlich für den Eingriff zuständig. Der Arzt darf sich aber auch dort, wo die Eltern die elterliche Gewalt gemeinsam ausüben (Artikel 297 Absatz 1 ZGB), grundsätzlich mit der Zustimmung eines Elternteiles begnügen (Artikel 304 Absatz 2 ZGB). Wird die Zustimmung zu einem medizinisch indizierten Eingriff verweigert, kann der Arzt die Vormundschaftsbehörde am Wohnsitz des minderjährigen Patienten (s. Artikel 315 ZGB) einschalten; diese wird den Entscheid aufgrund der objektiven Interessenlage treffen. Fehlt für ein solches Vorgehen die nötige Zeit, darf der Arzt unter Berufung auf den Rechtfertigungsgrund der *Notstandshilfe* (s. Artikel 34 Ziffer 2 StGB) den Eingriff trotz ablehnender Haltung der Eltern vornehmen.

- Steht der urteilsunfähige Patient unter vormundschaftlicher Aufsicht, sei es weil er entmündigt ist (s. insb. Art. 369 ZGB), sei es weil seinen Eltern die elterliche Gewalt über ihn entzogen wurde (s. Artikel 3, 1) ZGB), so entscheidet über ärztliche Eingriffe primär der Vormund (Artikel 407 ZGB), und in zweiter Linie die Vormundschaftsbehörde (s. Artikel 420 ZGB). Kann innert nützlicher Zeit weder der Vormund noch die Vormundschaftsbehörde erreicht werden, darf der Arzt den Eingriff unter Berufung auf den Rechtfertigungsgrund der *Notstandshilfe* (s. Artikel 34 Ziffer 2 StGB) vornehmen.

Fehlt eine den ärztlichen Eingriff rechtfertigende Voraussetzung, macht sich der Arzt ohne Rücksicht auf dessen positiven oder negativen Ausgang strafbar, selbst wenn der Eingriff zu Heilzwecken erfolgte. Immerhin wird er sich, wenn der hypothetische Willen des Patienten nicht feststellbar ist, subsidiär auf den Rechtfertigungsgrund der *Berufspflicht* (s. Artikel 32 StGB) berufen können. Wie eingangs (s.o.) erwähnt, sind Medizinalpersonen aufgrund der kantonalen Gesundheitsgesetze verpflichtet, in dringenden Fällen Beistand zu leisten.

Dies führt im Ergebnis dazu, daß der Arzt in Zweifelsfällen den notfallmäßig durchzuführenden Eingriff aufgrund der objektiven Interessenlage vornehmen wird. Bei eigenmächtigem Vorgehen wird er allerdings je nach dem, wie schwer der vorgenommene Eingriff wiegt, gemäß Artikel 122 StGB (vorsätzliche, schwere Körperverletzung) von Amtes wegen, aufgrund von Artikel 123 StGB (vorsätzliche, einfache Körperverletzung) oder Artikel 126 StGB (Tätlichkeiten) in der Regel auf Antrag bestraft. Mißlingt der eigenmächtig vorgenommenen Eingriff, kommt eine zusätzliche Verurteilung nach Artikel 117 StGB (fahrlässige Tötung) bzw. Artikel 125 Absatz 2 StGB (fahrlässige, schwere Körperverletzung) in Betracht.

Die Frage der strafrechtlichen Verantwortlichkeit des Arztes stellt sich nicht nur bei den eigenmächtig vorgenommenen, sondern bei allen ärztlichen Eingriffen, wenn diese zu einer Verschlechterung des Gesundheitszustandes des Patienten bzw. zu dessen Tod führen. In diesen Fällen kann eine Verurteilung des Arztes gemäß Artikel 125 StGB (fahrlässige Körperverletzung) oder Artikel 117 StGB (fahrlässige Tötung) erfolgen.

Fahrlässig im Sinne der erwähnten Straftatbestände handelt ein Arzt, der die Gesundheit des Patienten wegen unsorgfältigen Handelns schädigt. Bei der Prüfung der einzuhaltenden Sorgfalt berücksichtigt der Richter auch die persönlichen Verhältnisse sowie die Umstände, unter denen der Arzt handelte (s. Artikel 18 Absatz 3 StGB). Als Faustregel gilt, daß der sorgfältig handelnde Arzt die Regeln der ärztlichen Kunst zu beachten hat. Stets werden aber auch seine Ausbildung und Berufserfahrung sowie die konkrete Situation in die Beurteilung miteinbezogen. Berücksichtigt wird insbesondere, daß der Arzt in Notfällen meistens ohne Verzug zu handeln hat und regelmäßig außerstande ist, sorgfältige differentialdiagnostische Überlegungen anzustellen.

# 2 Ethik in der Notfallmedizin

Da sich die Notfallmedizin im Grenzbereich zwischen Leben und Tod abspielt, spielen ethisch zu rechtfertigende Entscheidungen eine bedeutsame Rolle.

Insbesonders ist dies der Fall bei der Entscheidung, eine Reanimation zu beginnen, zu unterlassen oder abzubrechen. Grundsätzlich wird die Entscheidung zum Abbruch bereits begonnener Maßnahmen durch den Arzt gefällt. Helfende Grundgedanken könnten sein:

> Wie will ich, daß mit mir umgegangen wird?
> Wie würde ich mit meiner Mutter umgehen?

Somit sind in notfallmedizinischen Situationen unter extremem Zeitdruck, mit begrenzten personellen und materiellen Mitteln und meist auch mit begrenzten Informationen, unter Berücksichtigung obiger Grundgedanken besonders schwierige Entscheidungen zu treffen. Als Entscheidungshilfen können dienen:

- Information über den mutmaßlichen Willen des Patienten
- das biologische Alter des Patienten
- eine vorliegende Patientenverfügung
- Informationen über Vorerkrankungen
- der zeitliche Ablauf der Reanimationsmaßnahmen
- das Prinzip, unnötiges Leiden nicht zu verlängern
- das Prinzip, keine Lebensverlängerung bei vorbestehender konsumierender Erkrankung bzw. im Endstadium einer progredienten Erkrankung zu bewirken

Besonders für das Pflegepersonal in Heimen wird das Dilemma groß, weil es häufig auf sich alleine gestellt ist. Es kennt die Patienten, setzt sich für ein würdevolles Sterben ein, aber es existiert unter Umständen keine ärztliche Dokumentation, welche den Verzicht auf Wiederbelebungsmaßnahmen rechtfertigen würde.

Ein ebenso großes Dilemma ergibt sich beim Abbruch der Reanimationsmaßnahmen. Die Entscheidung für eine Reanimation wurde gefällt, es stellt sich kein sichtbarer Erfolg ein. Wann darf abgebrochen werden?

> Nach 30 Minuten erweiterter Maßnahmen ohne Erfolg können Wiederbelebungsmaßnahmen abgebrochen werden.

> **!**
> Kinder, akut unterkühlte und intoxikierte Patienten werden länger als 30 Minuten reanimiert.

Es ist deutlich geworden, wie schwierig es ist, die Entscheidung für den Beginn oder den Abbruch von Reanimationsmaßnahmen zu fällen. Vielleicht erleichtern Ihnen die folgenden Gebote die Entscheidungsfindung:

**Nicht unnötig leiden lassen und keine zusätzlichen Schmerzen zufügen**
(Primum non nocere)

**Im Zweifelsfall für das Leben entscheiden**
(In dubio pro vita)

# 3 Utstein-Kriterien für Krankenstationen

Die Utstein-Kriterien sind das Ergebnis eines Symposiums zur Beurteilung von Reanimationsmaßnahmen in Krankenhäusern, das am 23. und 24. Juni 1995 in der norwegischen Utstein Abbey abgehalten wurde. Bei diesen Kriterien handelt es sich um Richtlinien, die einerseits eine Evaluierung des Reanimationserfolges, andererseits eine Qualitätsvergleich zwischen verschiedenen Krankenhäusern ermöglichen sollen.

Diese Richtlinien wurden von verschiedenen Gremien gemeinsam aufgestellt (American Heart Association, European Resuscitation Council, Heart and Stroke Foundation of Canada, Australian Resuscitation Council, Resuscitation Council of Southern Africa).

Als Grundleitfaden bei der Entwicklung dieser Richtlinien wurden die Utstein-Kriterien für Wiederbelebungsmaßnahmen außerhalb des Krankenhauses herangezogen. Von einem Gremium wurden in weiterer Folge Kategorien aufgestellt, die verschiedenste Variablen beinhalten. Zu diesen Kategorien zählen

- Faktoren des Krankenhauses
- Faktoren des Patienten
- die Art des Kreislaufstillstands
- das Endergebnis nach erfolgter Reanimation.

Anhand dieser Kategorien soll ein einheitlicher Standard geschaffen werden, der es erlaubt, die Beurteilung der Reanimation im Krankenhaus zu bewerten.

## 3.1 Variablen der Utstein-Kriterien

Nachfolgend werden kurz einige ausgewählte Kategorien vorgestellt; es würde aber zu weit führen, jeden einzelnen Punkt im Detail zu erläutern.

### ▸ Die Patientenvariablen

Zu den Variablen des Patienten zählt u.a. Alter, Geschlecht, die Art des Ereignisses, der Ort des Geschehens, Angaben zu eventuell früheren Herz-Kreislauf-Stillständen, Begleitfaktoren, Zugehörigkeit zu einer ethnischen Gruppe und sozioökonomischer Status. All diese Faktoren sollen ein Bild des Zustandes des Patienten geben. Die Auswertung dieser Faktoren soll dazu dienen, eine Verbesserung des Managements zu erzielen.

## ▶ Das Geschehnis

Unter „Geschehnis“ sollen vor allem der vorgefundene Herzrhythmus, die getroffenen Interventionsmaßnahmen sowie das Zeitschema der Reanimation wiedergegeben werden. Dem Zeitschema kommt besondere Bedeutung zu, da der Erfolg der Reanimationsmaßnahmen maßgeblich davon abhängig.

## ▶ Das Ergebnis der Reanimationsmaßnahmen

Zum Ergebnis einer Reanimation zählen einerseits die Lebensbedingungen nach erfolgreicher Reanimation, die Frage nach dem Überleben, die Dauer des Überlebens und vor allem auch die längerfristige Lebensqualität. Beim Überleben wird zusätzlich zwischen variabel, kurzfristig und langfristig unterschieden.

Ziel der Aufzeichnungen aller Variablen ist es, einen „goldenen Standard° zu finden, der das Ergebnis von Reanimationen im Krankenhaus wiedergibt. Dabei spielt vor allem der Prozentsatz der Überlebenden an im Krankenhaus erlittenen Kreislaufstillständen eine wichtige Rolle. Um diesen „goldenen Standard“ jedoch erhalten zu können, ist eine lückenlose Aufzeichnung jeder Variablen unerläßlich. Dabei ist verständlich, daß die Daten nicht ausschließlich im Zuge des Kreislaufstillstands, sondern auch nach erfolgter Reanimation zu erheben sind.

Gleichzeitig sollte jedoch darauf hingewiesen werden, daß vor allem Aufzeichnungen der Zeitschiene zwischen Eintritt des Notfalles und den erfolgten Maßnahmen natürlich sofort, am besten während des Notfalles, stattfinden sollten, um eine wirklich aussagekräftige Schlußfolgerung zu ermöglichen.

Obwohl bereits in diversen Krankenhäusern mehrere Versuche unternommen worden sind, solche Kriterien aufzustellen, und auch schon viele Parameter gesammelt wurden, scheint es sinnvoll, einen Standard zu schaffen, der sehr viele, vielleicht bisher unberücksichtigte Faktoren beinhaltet. Dadurch soll ermöglicht werden, eventuelle Probleme schon im Ansatz zu ergründen und auszuschalten. Durch eine solche exakte Aufzeichnung sollte auch eine Rechtsgrundlage geschaffen werden, die eventuelle Rechtsansprüche bereits im Keim erstickt. Gleichzeitig geben die gefundenen Parameter natürlich auch Aufschluß über die Qualität des jeweiligen Personals in Bezug auf Basic und Advanced Cardiac Life Support. Dies kann dazu führen, daß durch gezielte Schulungen die Qualität zusätzlich verbessert wird.

## 3.2 Formblatt

Abschließend finden Sie einen Vorschlag der Utstein-Kommission für ein Formblatt zur Aufzeichnung der gewonnenen Ergebnisse, aus welchen Sie einige der wichtigsten Faktoren entnehmen können.

**STANDARD REPORTING OF IN-HOSPITAL CARDIOPULMONARY RESUSCITATION**

**1 Date of event** ☐☐ ☐☐ ☐☐ (month / day / year)

**2 Location**

☐ CCU ☐ PAR
☐ ICU ☐ Operating area
☐ ED ☐ General care
☐ Outpatient
☐ Diagnostic & intervention
☐ Other ____________

**3 Witnessed?**

☐ Yes ☐ No ☐ Unknown

**Monitored?** ☐ Yes ☐ No

**4 ALS Interventions at time of event** *(check all that apply)*

☐ None
☐ IV access
☐ IV medications
☐ ECG monitor
☐ Intubation
☐ Mechanical ventilation
☐ Implantable defibrillator/ cardioverter
☐ Intra-arterial catheter

Name ☐

Date of birth ☐☐ ☐☐ ☐☐ (month / day / year)

Age ☐☐☐

M ☐ F ☐ Unknown ☐

Admit date ☐☐ ☐☐ ☐☐

ID# ☐☐☐☐☐☐☐☐☐☐

**EVENT VARIABLES**

**5 Immediate cause**
*(check one)*

☐ Lethal arrhythmias
☐ Hypotension
☐ Respiratory depression
☐ Metabolic
☐ MI or Ischemia
☐ Unknown
☐ Other ____________

**6 Resuscitation attempted?**

☐ Yes *(check all used)*
- ☐ Chest compressions
- ☐ Defibrillation
- ☐ Airway

☐ No *(check one)*
- ☐ Found dead
- ☐ Considered futile
- ☐ DNAR

**7 Initial condition**

Conscious? ☐ Yes ☐ No
Breathing? ☐ Yes ☐ No
Pulse? ☐ Yes ☐ No

**9 Event times**
*(shaded times are required to calculate the AHA and ERC in-hospital chain-of-survival intervals)*

Collapse/Onset ___:___
CPR team called ___:___
CPR team arrived ___:___
Arrest confirmed ___:___
CPR started ___:___ = ____ min
1st defib shock ___:___ = ____ min
Airway achieved ___:___ = ____ min
1st dose EPI ___:___ = ____ min

**8 Initial rhythm**

☐ VF ☐ Bradycardia
☐ VT ☐ Asystole
☐ PEA ☐ Perfusing rhythm

CPR stopped ___:___

*Why?*

☐ ROSC ☐ Futile
☐ Death ☐ DNAR

*Spontaneous circulation*

☐ Returned (*if yes, time of ROSC)* ___:___

☐ Never achieved

☐ Unsustained ROSC:
- ☐ < 20 min
- ☐ 20 min - 24 hours
- ☐ > 24 hours

**OUTCOME VARIABLES**

**10 Time of awakening** Time ___:___ **Date** ☐☐ ☐☐ ☐☐

**11 In-hospital event outcome** *(check one)*

☐ Hospital discharge **Date** ☐☐ ☐☐ ☐☐

Discharge destination: other hospital ____ home ____
chronic care facility ____ other ____
*CPC at discharge = ____
*Total GCS = ____ [eye ____ verbal ____ motor ____]

☐ In hospital death *(ROSC>24 hours)* **Date** ☐☐ ☐☐ ☐☐

**12 Alive at six months?**

☐ Yes *(*CPC)* = ____ ☐ No (Date of Death) ___/___/___ ☐ Unknown

**13 Alive at one year?**

☐ Yes *(*CPC)* = ____ ☐ No (Date of Death) ___/___/___ ☐ Unknown

**14 If died, principal cause of death**

☐ CAD ☐ Trauma
☐ Cancer ☐ Other medical

**15 ICD-CM code**

☐☐☐☐☐☐

**16 Information source** *(for 14 & 15)*

☐ Medical records
☐ Death certificate
☐ Personal physician
☐ Autopsy
☐ Other

*CPC (Cerebral Performance Category) 1 = good, 2 = moderate, 3 = severe, 4 = comatose, 5 = brain dead
*GCS (Glasgow Coma Score) eye 1-4, verbal 1-5, motor 1-6.

**ADDITIONAL INFORMATION**

**17 Provider of CPR**

☐ Nurse ☐ Respiratory therapist
☐ Physician ☐ Clinical assistant ☐ Other

**18 ET intubation time** __:__

**19 Treatments during event** *(below)*

Name ☐

Admit date ☐☐ ☐☐ ☐☐
month day year

ID# ☐☐☐☐☐☐☐☐☐☐

| Time | Comments | Vitals | Rhythm | Defib (J) | Medications | Dose/route |
|---|---|---|---|---|---|---|
| | | | | | | |
| | | | | | | |
| | | | | | | |
| | | | | | | |
| | | | | | | |
| | | | | | | |
| | | | | | | |
| | | | | | | |
| | | | | | | |
| | | | | | | |
| | | | | | | |
| | | | | | | |
| | | | | | | |
| | | | | | | |
| | | | | | | |
| | | | | | | |
| | | | | | | |
| | | | | | | |
| | | | | | | |
| | | | | | | |
| | | | | | | |
| | | | | | | |
| | | | | | | |
| | | | | | | |
| | | | | | | |
| | | | | | | |
| | | | | | | |
| | | | | | | |
| | | | | | | |
| | | | | | | |
| | | | | | | |
| | | | | | | |
| | | | | | | |
| | | | | | | |
| | | | | | | |
| | | | | | | |
| | | | | | | |
| | | | | | | |

*Please check that all information is complete and accurate*

Wir danken Elsevier Science für die Überlassung der beiden Formblätter zur Veröffentlichung in diesem Buch.

*Zitat:*
Resuscitation, Vol 34, 1997, pp 151-183, „Standard reporting of in-hospital cardiopulmonary resuscitation", The in-hospital Utstein-Style, Copyright (1997)

# Wissensüberprüfung

1 Fallbeispiele .......... 187

2 Lösung zu den Fallbeispielen .......... 203

# 1 Fallbeispiele

Auf den bisherigen Seiten haben Sie viel über den Notfall, sein Management und auch über einige Leitsymptome gelesen und gelernt. Es steht Ihnen nun frei, dieses Wissen anhand der selbst konstruierten Fallbeispiele zu überprüfen.

Einen möglichen Lösungsweg finden Sie unter Punkt 2 „Lösung der Fallbeispiele". Bevor Sie jedoch mit den Beispielen starten, noch einige Hinweise zur Symbolik.

| Symbol | Bedeutung |
|---|---|
|  | *Wahrnehmung(en)*<br>Notieren Sie sich in Stichworten, welche Information Sie der Beschreibung entnehmen können. Im Notfallablauf entspricht dies der Anamnese. |
|  | *Hilfsleistung(en)*<br>Immer wenn Sie dieses Symbol sehen, sollten Sie die aktuelle Hilfsleistung eintragen. Das Symbol selbst kann im Notfallablauf mehrfach auftreten (Bergung, Lagerung, BLS, ACLS). |
|  | *Patientenbeurteilung*<br>Tragen Sie hier das Ergebnis der Patientenbeurteilung ein. |
|  | *Vorgaben - Hinweise*<br>Diese dienen dazu, Ihnen wichtige Informationen und Vorgaben zum vorliegenden Fall zu geben, um Ihnen das Erarbeiten der Fälle zu erleichtern. |

## 1.1 Günther H.

Nachdem das Frühstück auf der urologischen Station ausgeteilt wurde, meldet die Krankenpflegehelferin ein eigenartiges Verhalten des Patienten Günther H. von Zimmer 8. Der Pflegehelfer Peter geht sofort auf das Zimmer und findet folgende Situation vor:

Herr Günther H. hängt mit dem Oberkörper schräg im Bett und hat den gesamten Kaffee über die Bettdecke geschüttet. Der linke Arm hängt über die Bettkante hinaus. Mit der rechten Hand hält er sich mit aller Kraft am Bettgalgen fest. Aus seinem Mund kommen unverständliche Worte.

Der Blutdruck wurde gemessen.
Der Blutzuckerspiegel ist normal.
Der Patient ist verängstigt.

Was würden Sie weiter machen?

## 1.2 Frau K.

Es ist 11 Uhr. Der Krankenpflegeschüler Franz überprüft routinemäßig Blutdruck, Puls und Temperatur der Patienten, um sie auf der Kurve einzutragen. Er kommt auf Zimmer 12 zu Frau K. Nach Drücken der Anwesenheitglocke stellt er ihr eine Frage, bekommt aber nur eine unverständliche Antwort. Er sieht Frau K. etwas genauer an und erkennt dicke Schweißperlen auf deren Stirn. Zusätzlich bemerkt er die bleiche Gesichtsfarbe und die Teilnahmslosigkeit der Patientin. Von den übrigen Patienten erfährt er, daß sie die morgendlichen Medikamente eingenommen, aber nichts gefrühstückt habe.

Die Patientenbeurteilung bringt folgendes Ergebnis:

- Reaktion nur auf Schmerzreiz
- locker sitzende Prothese
- flache Atmung
- Tachykardie

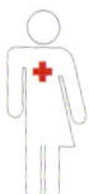

Die Schwester kennt die Grundkrankheit (Diabetes mellitus)

Welche Schritte sind nun indiziert?

## 1.3 Benjamin

Der zweijährige Benjamin war am Abend etwas heiser, doch seine Mutter macht sich keine allzu großen Gedanken darüber, denn beim Spielen ging es an diesem Tag etwas übermütig und laut her.

Um 22 Uhr hört die Mutter plötzlich Schreien und lauten bellenden Husten aus dem Kinderzimmer. Die Mutter trifft den Kleinen nach Luft ringend an. Sie nimmt Benjamin aus dem Bett, greift ihm an die Stirn, kann aber Fieber nicht eindeutig feststellen. Sie stürzt voller Angst zur Nachbarin, einer Kinderkrankenschwester.

Im Lichte des Flurs sieht die hektisch wirkende Mutter die blau verfärbten Lippen, die Nasenflügel flattern. Zusätzlich bemerkt sie die hektischen Atemgeräusche des Kleinen.

Welche Hilfsleistungen empfiehlt die Krankenschwester nach Schilderung der Symptomatik?

Durch die getroffenen Maßnahmen kommt es bis zum Eintreffen des Rettungsteams zu einer deutlichen Besserung der Symptomatik.

## 1.4 Herr L.

Herr L. wird mit der Diagnose „Angina pectoris“ auf der internen Station zur weiteren Abklärung aufgenommen. Am zweiten Tag wird er in den unterirdischen Transportgängen mit dem Sitzwagen zum Röntgen transportiert. Es kommt zum Zwischenfall.

Herr L. klagt über plötzliche Schmerzen in der Brust. Der linke Arm schmerzt ihn. Schockartige Symptome folgen. Der Pfleger will gerade zum Telefon laufen, als der Patient bewußtlos zusammenbricht.

Da der Patient im Transportwagen kollabiert, wird er sofort geborgen (Verletzungsgefahr) und auf den Boden gelegt. Der Helfer beginnt sofort mit der Patientenbeurteilung.

Diese Beurteilung ergibt folgendes Ergebnis:

- fehlendes Bewußtsein
- fehlende Atmung
- beidseits fehlender Puls

Welche weiteren Hilfsleistungen sind indiziert?

Das Herzalarmteam trifft nach ca. 6 Minuten ein.

Welche Hilfsleistungen folgen nun?

## 1.5 Hubert S.

Nachdem Herr Hubert S. seine Prämedikation erhalten hat, soll er vom Pfleger in den Operationssaal gebracht werden. Der Pfleger begibt sich mit den notwendigen Unterlagen samt Bett und Patient zum Lift. Im Lift bekommt er von Herrn Hubert S. keine Antwort auf seine Fragen. Er bemerkt, daß der Patient besinnungslos mit dem Oberkörper zur Seite sinkt. Nach weiterhin fehlender Reaktion auf Ansprache, Berührung und Schmerzreiz wird das Herzalarmteam alarmiert.

Bei der Patientenbeurteilung wird eine fehlende Atemtätigkeit bei freien Atemwegen und vorhandenem Puls festgestellt.

Wie ist die weitere Vorgangsweise?
(Beatmungsbeutel vorhanden)

Nach Eintreffen des Herzalarmteams wird es über den Transport und die Symptome informiert. Die Untersuchung ergibt stecknadelkopfgroße Pupillen.

Welche Maßnahmen folgen?

## 1.6 Der Pfleger G.

Es ist Besuchszeit. Die Zimmer sind voll mit Besuchern. Das Pflegepersonal ist zu dieser Zeit mit Routinearbeiten beschäftigt. Plötzlich läutet eine Patientenglocke und Hilfeschreie sind auf dem Gang zu hören. Schwestern und Pfleger rennen von ihrer Arbeit weg zum Ort des Geschehens. Ein Pfleger liegt mit Krampfanfällen am Boden.

Der Pfleger verletzte sich beim Sturz am Hinterkopf, laut Fremdanamnese stürzte der Pfleger ohne ersichtlichen Grund. Nach dem Anfall ist der Patient ohne Bewußtsein.

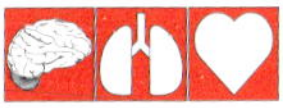

Nachdem der Patient das Bewußtsein wieder erlangt hat, ist eine weitere Abklärung unbedingt erforderlich.

## 1.7 Anton

Im Kinderzimmer ist heute wieder einmal besonders viel los. Alle Altersklassen sind vertreten und dementsprechend ist auch der Lärm.
Plötzlich beginnen alle durcheinander zu schreien. Anton ist im Gesicht ganz blau und bekommt keine Luft. Die Kinderschwester stürzt sich auf den etwa Dreijährigen und nimmt ihn hoch. In einer Hand hält er verkrampft einen Legostein in der Hand. Die Schwester öffnet seinen Mund und versucht die Mundhöhle einzusehen. Weit hinten im Rachen entdeckt sie etwas Gelbliches.

Ruhe ist eingekehrt, Michael (8 Jahre) wird geschickt, um Hilfe zu holen. Die Mobilisation des vermeintlichen Fremdkörpers bringt keinen Erfolg.

Fehlende Atmung bei vorhandenem Puls ist das Ergebnis der Patientenbeurteilung. Eine zweite Schwester trifft ein.

Der Arzt ist eingetroffen.

Was geschieht nun?

## 1.8 Wolfgang K.

Herr Wolfgang K. wird nach einem Verkehrsunfall zur stationären Beobachtung aufgenommen. Sein Blutdruck ist niedrig, aber im tolerablen Bereich. Da er auf die Toilette muß, verläßt er sein Bett und begibt sich in den engen Waschraum. Plötzlich klagt er über starke Bauchschmerzen, ihm wird schwindlig und übel. Er stürzt zu Boden und erbricht.

Da der Patient nicht mehr situationsgerecht reagiert, wird von der Schwester Alarm ausgelöst. Der Patient zeigt ein gespanntes Abdomen. Zwischenzeitlich ist der Patient wieder kurzzeitig bei Bewußtsein.

Die zweite Schwester ist gemeinsam mit dem Arzt und dem Notfallkoffer eingetroffen. Der Blutdruck ist hypoton.

Welche Hilfeleistungen sind indiziert?

# 2 Lösung zu den Fallbeispielen

Wir möchten darauf hinweisen, daß es sicher für jeden Fall verschiedene Lösungsmöglichkeiten gibt. Nachfolgend geben wir jeweils eine Möglichkeit an.

## 2.1 Günther H.

Diagnose: Apoplex

- Bewußtsein vorhanden
- Verhaltensänderung
- motorische Störung
- Sprachstörung

- Drücken der Anwesenheitsglocke
- Entfernung des Frühstücks (Beistelltisch)
- Zurechtrücken von Herrn Günther im Bett
- Flachstellen der Rückenlehne
- Alarm mittels Patientenglocke

- Bewußtsein: vorhanden, aber verändert
- Atmung: Freimachen der Atemwege
- Atmung vorhanden
- Kreislauf: intakt

- Rufen des Arztes (evtl. durch Anweisung an 2. Helfer)
- Organisieren des Notfallkoffers
- Prüfen von RR, Puls und Blutzucker

- Bei Hypertonie: Hochlagerung des Oberkörpers um 30°
- Bei Hypotonie: Flachlagerung
- Zuspruch
- Sauerstoffgabe über Nasensonde oder Inhalationsmaske

## 2.2 Frau K.

Diagnose: Hypoglykämie

- Bewußtsein eingetrübt
- Sprachstörung
- bleiche Gesichtsfarbe, Schweißperlen auf der Stirn
- Antriebslosigkeit
- Fremdanamnese: Medikamenteneinnahme, keine Nahrungsaufnahme

- Alarmierung mittels Patientenglocke
- Flachstellen der Rückenlehne
- Beginn mit der Patientenbeurteilung (evtl. durch 2. Helfer)

- Entfernung der locker sitzenden Prothese
- Seitenlagerung (zunehmende Bewußtseinsveränderung)
- Notarztindikation
- Organisieren des Notfallkoffers

- Messen des Blutzuckerspiegels
- Vorbereitung zum Legen eines venösen Zuganges
- Vorbereitung einer 33%-igen Glukoseinfusion
- Informationsweitergabe an den Arzt

## 2.3 Benjamin

Diagnose: Pseudokrupp

- zweijähriges Kind
- lauter, bellender Husten
- kein Fieber

- Alarmierung der Rettung/des Notarztes
- Anfeuchten der Raumluft (z.B. Dusche im Bad einschalten)
- Beruhigung der Mutter mit dem Ziel der Beruhigung des Kindes
- Aufklärung über die wahrscheinliche Erkrankung

## 2.4 Herr L.

Diagnose: Kreislaufstillstand

- plötzlich auftretende Schmerzen in der Brust, begleitet von Schmerzen im linken Arm
- Schocksymptome
- Bewußtlosigkeit

- Bergung des Patienten aus dem Transportwagen (Rautek-Griff)
- Hilferuf
- Patientenbeurteilung

- Der Ersthelfer beginnt mit der kardiopulmonalen Reanimation im Verhältnis 2:15.
- Der Zweit-Helfer löst per Telefon den Herzalarm aus und organisiert eine Transportliege.
- Danach unterstützt er den Ersthelfer bei der Reanimation.
- zusätzlich regelmäßige Prüfung der Lebensfunktion

- Übernahme der Beatmung mit dem Beatmungsbeutel
- Schilderung des Geschehens durch den Helfer
- Arztassistenz bei der Intubation, beim Legen eines venösen Zugangs und bei der Defibrillation
- Entfernen neugieriger Personen

## 2.5 Hubert S.

Diagnose: Atemstillstand

- Bewußtseinsänderung
- keine Reaktion auf gesetzten Schmerzreiz

- Flachlagerung des Patienten durch Entfernen der Polster
- Inspektion und Freimachen der Mundhöhle
- Überstrecken des Kopfes
- Atemkontrolle (10 Sekunden)
- Prüfen des Kreislaufes (A. carotis)

- Die Maske wird auf den Beatmungsschenkel gesteckt.
- Beginn der Beatmung im eigenen Rhythmus bei überstrecktem Kopf
- Blockade der Lifttür
- regelmäßige Kontrolle der Lebensfunktionen

- Arztassistenz bei der Intubation
- Transport zur Überwachungsstation

## 2.6 Der Pfleger G.

Diagnose: epileptischer Anfall

- Hilferuf durch Besucher
- Pfleger liegt mit Krämpfen am Boden

- Verhinderung eines Zungenbisses (Bißkeil)
- Entfernung der Besucher (Platzgewinn)
- Schaffen von Platz (Verletzungsgefahr)
- Rufen des Arztes
- Beginn mit der Fremdanamnese

- Bewußtseinsverlust
- Atmung vorhanden
- Kreislauf intakt

- stabile Seitenlagerung bei leicht geöffnetem Mund und überstrecktem Kopf
- Kontrolle der Vitalfunktionen
- Organisieren des Notfallkoffers
- Informationsweitergabe an den Arzt

## 2.7 Anton

Diagnose: Fremdkörperaspiration

- zyanotisches Kind mit Atemproblemen
- Legostein in der Hand
- Verdacht auf Fremdkörper im Mund

- Legen des Kindes über die Beine oder über einen Tisch
- Klopfen zwischen den Schulterblättern (Mobilisation des Fremdkörpers)

- Plazierung des Kindes auf dem Tisch
- vorsichtiger Beginn mit der Beatmung (ohne großen Druck)
- Herzalarm und organisieren des Notfallkoffers durch die zweite Schwester
- Vorbereitung der Magill-Zange und der Intubation

- Information des Arztes über die vorgefundene Situation
- Erläuterung der bisherigen Maßnahmen
- Arztassistenz bei der Entfernung des Fremdkörpers
- Intubation zur Verhinderung eines Spasmus der Stimmbänder

## 2.8 Wolfgang K.

Diagnose: Kollaps

- Patient mit Zustand nach einem Verkehrsunfall
- plötzliche starke Bauchschmerzen
- Kollaps
- Erbrechen

- Retten des Patienten aus dem Waschraum durch Wegschleifen
- Freimachen der Atemwege
- stabile Seitenlagerung
- Blutdruckkontrolle
- Beginn mit dem Notfallcheck

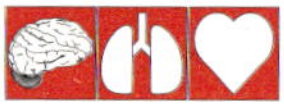

- Der Patient ist bewußtlos.
- Die Atmung ist vorhanden.
- Der Kreislauf ist intakt (Tachykardie).

- regelmäßige Kontrolle der Vitalfunktion
- sofortiges Legen eines venösen Zugangs
- Volumensubstitution
- Sauerstoffgabe
- sofortiger Transport in den OP

# Glossar

In den meisten Fällen ist die Erklärung von bestimmten Maßnahmen bzw. lateinischen Begriffen in den Kapiteln schon erläutert. Deshalb hier nur eine kurze Wiederholung.

| | |
|---|---|
| Advanced Cardiac Life Support | erweiterte lebensrettende Maßnahmen |
| Akren | äußerste Peripherie der Versorgungsgebiete wie Finger, Zehen, Ohren, Lippen |
| anaerob | unter Ausschluß von Sauerstoff (Umgebungsluft) |
| Anoxie | weitgehendes Fehlen von Sauerstoff |
| Apnoe | Atemstillstand |
| Applikation | Verabreichung zumeist eines Medikamentes |
| i.o. | intraossär, in das Knochenmark des Schienbeinknochens (v.a. bei Kindern) |
| i.v. | intravenös, in eine Vene |
| rektal | über den Mastdarm (Suppositorien) |
| s.c. | in das Fettgewebe unter der Haut |
| sublingual | unter die Zunge |
| assistierte Beatmung | die nicht ausreichende Eigenatmung wird durch den Helfer unterstützt (assistiert). |
| asynchroner Modus | R-Zacken-unabhängige Impulsabgabe bei der Defibrillation |
| Asystolie | Nulllinie im EKG, keine Aktionen der Herzmuskelzellen |
| Ateminsuffizienz | Patient hat keine ausreichende Eigenatmung |
| Atemhilfsmuskulatur | Schultergürtelmuskulatur; wird aktiviert, wenn sich z.B. ein Asthma-Patient stehend auf einen Tisch stützt |
| Atmung, paradox | bei der Einatmung senkt sich die verletzte Brustkorbseite (Rippenserienfraktur), bei der Ausatmung hebt sich die verletzte Seite (Pendelatmung) |

| | |
|---|---|
| Atopie | „fremdartige Krankheit"; zu den atopischen Krankheiten zählen allergisches Asthma bronchiale, allergische Rhinitis und Konjunktivitis, sowie Neurodermitis |
| Aura | Stadium der besonderen Bewußtseinserweiterung z.B. vor einem epileptischen Anfall |
| Auskultation | abhören von Geräuschen (Herz, Lunge, Darm) |
| Azidose | Übersäuerung des Blutes |
| Basic Life Support | Wiederbelebungsmaßnahmen ohne Hilfsmittel |
| Bolusgeschehen | Ansaugen eines Fremdkörpers in die oberen Atemwege |
| Bradykardie | langsame Pulsfrequenz (<50/min) |
| C-Griff | mit Daumen und Zeigefinger (C-Form) einer Hand wird die Beatmungsmaske auf das Gesicht gepreßt |
| doppelter | mit Daumen und Zeigefinger beider Hände |
| Cava-Kompressionssyndrom | Am Ende der Schwangerschaft kann durch Rückenlage das Kind gegen die untere Hohlvene (V. cava) drücken, und damit den venösen Rückfluß beeinträchtigen. Die Schwangere wird auf die linke Seite gedreht. |
| Commotio cerebri | Gehirnerschütterung |
| Cuff | Ballon am Ende des Tubus, wird mit Luft geblockt, um den Tubus in der Luftröhre zu fixieren und eine Aspiration zu vermeiden |
| Debfibrillation | gleichzeitige Depolarisation möglichst vieler Herzmuskelzellen durch einen sehr kurzen Stromstoß (Impuls), ein Rhythmusgeber kann die Pulsfrequenz wieder übernehmen |
| Dyspnoe | Atemnot mit Erschwerung der Atemtätigkeit |

| | |
|---|---|
| Emphysem | erweiterte Lungenbläschen z.B. als Folgeerkrankung aus jahrzehntelangem Leiden an Asthma; nur die Grundstruktur der Lungenbläschen bleibt erhalten. |
| Epiglottitis | Entzündung des Kehlkopfdeckels |
| Epilepsie | Fallsucht, durch zerebrale Funktionsstörung |
| Foetor ex ore | übler Geruch, Mundgeruch |
| Fremdanamnese | Umgebung begutachten und anwesende Personen über den Hergang bzw. das Bekanntsein einer Grundkrankheit befragen |
| Fremdkörperaspiration | Einatmen eines Fremdkörpers in die Luftröhre |
| Glukoneogenese | Zuckerneubildung |
| Hechelatmung | schnelle oberflächliche Atmung, Totraumventilation; Luft wird im Totraumbereich (zwischen Bronchialsystem und Mundrachenraum) transportiert, es findet kein Gasaustausch statt |
| Hyperventilation | schnelle tiefe Atemzüge, Karpfenmaulform des Mundes, Pfötchenstellung der Hände; zuviel Kohlendioxyd wird abgeatmet |
| Hypoxie | verminderte Sauerstoffsättigung des Blutes |
| iatrogen | durch ärztliche Behandlung entstanden |
| Interkostalraum | Raum zwischen den Rippenbögen |
| Joule | Wsec; bei der Defibrillation: Energieeinstellung vor Beginn des Ladevorgangs |
| juveniler Diabetes | jugendliche Zuckerkrankheit, meist bedingt durch Autoimmunerkrankung |
| Kammerflimmern | asynchrone Aktionen der Herzmuskelzellen; nur durch EKG feststellbar |

| | |
|---|---|
| Kammertachykardie | Herzfrequenz > ca. 180 Schläge/min |
| pulslos | kein Puls tastbar |
| Karotispuls | Puls der Halsschlagader |
| Kernikterus | Einlagern von Bilirubin in die Ganglienzellen des Stammhirns bei Neugeborenen |
| Kreislaufstillstand | Sistieren der Herztätigkeit |
| primär | Ursache in direktem Zusammenhang mit dem Herz |
| sekundär | durch nicht-kardiale Ursachen |
| Krikoiddruck | mit Daumen und Zeigefinger wird der Schildknorpel des Kehlkopfes Richtung Speiseröhre gedrückt (= Sellik'scher Handgriff) |
| Laryngoskop | Gerät mit Handgriff und Spatel zur Einsicht des Kehlkopfbereiches |
| Lungenkreislauf | rechter Vorhof, rechte Kammer, Lungenarterie, Lungenkapillaren, Lungenvene, linker Vorhof, linke Kammer |
| Lungenödem | Wasseransammlung in der Lunge auf Grund von Linksherzinsuffizienz, inhalativen Noxen, Kreislaufstillstand |
| Medulla oblongata | verlängertes Mark; Zentrale für das vegetative Nervensystem; Sitz von Atem- und Kreislaufzentrum |
| Monitoring | Überwachung des Patienten z.B. mit EKG, RR-Messung, Pulsoxymeter, Kapnometrie, etc. |
| Morbus Menière | vasomotorische Regulationsstörung der Innenohrgefässe, Drehschwindel, Übelkeit, Erbrechen, Nystagmus, Innenohrschwerhörigkeit |
| Mukoviszidose | erhöhte Produktion und erhöhte Viskosität aller Sekrete die der Körper produziert (Atemwege, Verdauungstrakt), Synonym: zystische Fibrose |

| | |
|---|---|
| Lipolyse | Aktivierung von Speicherfett zur Energiebereitstellung |
| Lokalanästhetikum | Medikament, das lokal zur Schmerzreduktion appliziert wird. |
| Lungenembolie | verschleppte Blutgerinnsel, die über das rechte Herz in die Lungenarterie vordringen |
| Obstruktion | Verengung durch Hindernisse, Tumor, Schwellungen |
| Peep-Ventil | **p**ositive **e**nd **e**xspiratoric **p**ressure; am Ende des Ausatemvorganges bleibt ein positiver Druck in den Lungen erhalten. Wird in cm $H_2O$ oder mbar angegeben |
| Pendelatmung | bei Rippenserienfraktur und intaktem Pleuraspalt pendelt die Atemluft zwischen stabiler und instabiler Seite des Thorax hin und her; s. Atmung, paradox |
| Pertussis | Keuchhusten |
| Pneumonie | Lungenentzündung |
| Pneumothorax | Luft im Pleuraspalt, u.U. Zusammenfallen eines Lungenteiles möglich, (innerer = Spontanp., äußerer = offener P.) |
| präkordialer Faustschlag | 4-5 cm über dem Brustbein wird bei Kammerflimmern und pulsloser Kammertachykardie mit der Faust ein Schlag auf das Brustbein gegeben, falls kein Defibrillator zur Verfügung steht; wird nur einmalig und nur beim monitierten Patienten durchgeführt |
| Prodromalerscheinung | Vorbote, Warnzeichen |
| Recapping | Rückführen der Nadel nach Gebrauch in die Schutzkappe (Verboten!) |

| | |
|---|---|
| Regurgitation | passives Erbrechen bzw. Zurückfließen von Mageninhalt in die Speiseröhre |
| Sellick'scher Handgriff | Druck des Kehlkopfes in Richtung Speiseröhre, damit bessere Einsicht zur Intubation und glz. Teilverschluß der Speiseröhre |
| Stenose | Verengung |
| synchroner Modus | R-Zacken getriggerte Defibrillation; in diesem Modus wartet das Gerät auf den richtigen Zeitpunkt zur Defibrillation (Kardioversion) |
| Tachykardie | hohe Pulsfrequenz ( >100 /min) |
| Tachypnoe | schnelle Atemfrequenz |
| Trachea | Luftröhre |
| Tracheostoma | Eröffnung der Luftröhre unterhalb des Kehlkopfes |
| Vagusreiz, maximaler | Durch ein Bolusgeschehen oder zu tiefes Absaugen kann durch Reflexe in der Luftröhre ein Vagusreiz ausgelöst werden. Die kann zu einem Kreislaufstillstand führen. |
| Ventilmechanismus | Luft dringt in den Pleuraraum ein und kann nicht mehr über den Lungendefekt oder Rippendefekt nach außen dringen. Verschiebung der defekten Lunge zur gesunden Lunge hin = Spannungspneumothorax (Lebensgefahr) |
| Xyphoid | Schwertfortsatz des Brustbeins |

# Literaturverzeichnis

Aigner G.: Rechtsgrundlagen auf dem Sektor der Notfallmedizin. Recht für Medizin, 1997, 67ff

Bossaert L.: European Resuscitation Council Guidelines for Resuscitation. European Resuscitation Council, Antwerpen 1996

Bossaert L.: European Resuscitation Council Guidelines for Resuscitation. Elsevier, Amsterdam 1998

Cummins R. O. et al.: Recommended Guidelines for reviewing, reporting and conducting research on in-hospital resuscitation: the In-Hospital Utstein-Style; Resuscitation 34 (1997) 151-183

Böhme H.: Das Recht des Krankenpflegepersonals Teil II. Kohlhammer, Stuttgart 1984

Dirks B.: Pharmaka in der Intensiv- und Notfallmedizin. Springer, Berlin 1995

Forth W., Henschler D. Rummel W.: Pharmakologie und Toxikologie. Bibliographisches Institut & F.A. Brockhaus AG, Mannheim 1987

Gorgaß B., Ahnefeld F. W.: Rettungsassistent und Rettungssanitäter. Springer, Berlin 1993

Herold G. und Mitarbeiter: Innere Medizin. Eigenverlag Köln 1995

Honsell H.: Handbuch des Arztrechts. Schulthess, Zürich 1994

Larsen R.: Anästhesie. Urban & Schwarzenberg 1995

Ledochowski M., Lechleitner P.: Internistisches Notfall-Kompendium. Thieme, Stuttgart 1994

Lippert H.-D., Weißauer: Das Rettungswesen. Springer, Berlin

Lippert H.-D., Kern: Arbeits- und Dienstrecht der Krankenhausärzte von A-Z. Springer, Berlin

Lutomsky B., Flake F.: Leitfaden Rettungsdienst. Gustav Fischr,Lübeck 1997

Schwamberger H.: Gesundheits- und Krankenpflegegesetz (GuKG). Verlag Österreich, 1997

Zenz M.: Taschenbuch der Schmerztherapie. Wissenschaftliche VerlagsGesmbH, Stuttgart 1995

Ziegenfuß T.: Rettungsmedizin. Thieme, Stuttgart 1997

# Sachregister

## A


Abdomen 37, 121, 201
Absauggerät 25, 51, 75, 89, 91
Absaugkatheter 51, 53, 91, 102
Absaugung 30f
ACLS 24, 187
Adalat 106, 109
Adrenalin 107
L-Adrenalin 106, 111
Advanced Cardiac Life Support 22, 181 ,214
Akkus 92, 93, 94
Akren 47, 214
Akrenbereich 42
Akrinor 106, 108
Aktivkohle 151
Alarm 6, 13, 14, 201, 203
Alarmierung 13, 14, 204, 205
Alarmknopf 13
Algorithmen 17, 22
Allergie 6, 128, 129, 215
ALTE 142
Alupent 106, 108
Ampulle 16, 55, 56, 57, 104, 107
AMV 41, 95, 96
anaerob 131, 214
Anexate 106, 108
Anfall, epileptischer 138, 208, 216
Angina pectoris 135, 193
Angina tonsillaris 123
Anoxie 131,214
Apnoe 142, 13, 214
apparent life threating event (ALTE) 142
Applikation 214
Aqua bidest. 106, 108
Arbeitsteilung 164
A. brachialis 78, 84
A. carotis 26f, 78, 207
A. femoralis 78
A. umbilicalis 81
Armarterie 78
Arztassistenz 1, 14, 16, 49ff, 85, 206, 207, 209
- eigentliche 50
- im weiteren Sinn 49
Aspiration 30, 39, 42, 67, 128, 139, 144, 216
Aspirationspneumonie 42
Aspirationsschutz 44, 50, 51
Asservatsicherung 150
Asthma bronchiale 39, 124, 127, 129, 136, 148, 214, 215, 216
Asthmaanfall 6, 124
Asystolie 214
Atembehinderung 128
Atembeschwerden 148
Atemfrequenz 28, 40, 41, 66, 83, 95, 96, 219
Atemhilfsmuskulatur 125, 136, 148, 214
Ateminsuffizienz 16, 147, 214
Atemlähmung 128
Atemminutenvolumen 41, 95, 96
Atemnot 36, 135, 136, 146, 148, 215
Atemspende 42, 68, 83
Atemstillstand 16, 30, 41, 45, 83, 128, 138, 207, 214
Atemwege
- Freimachen der 25f, 74f, 210f
- Inspektion der 24, 75f
- Verlegen der 25, 45, 67, 74f, 81, 128
Atemwegsinfekt 124
Atemwegskompression 124
Atemwegsobstruktion 76, 136
Atemzugsvolumen 40, 41, 66, 83
Atherosklerose 122
Atmung 14f, 20, 24, 26, 29ff, 35, 40f, 68, 72ff, 77, 80, 82, 119f, 124ff, 132, 134, 143, 190, 193, 199, 203, 208, 210, 214, 216, 218
- paradoxe 40, 214, 218
Atmungstypen 125f
Atopie 215
atopische Erkrankung 148
Atropin 106, 108
Aufklärungspflicht 159, 161, 169ff, 205

Aura 138, 215
Auskultation 51, 215
Auskunftspflicht 159
Auskunftsrecht 170
Axillarlinie 59
Azidose 126, 215

## B

Bandscheibenvorfall 122
Basic Life Support 14, 22, 215
Basisausstattung 100
Bauch-Seitenlage 67
Beatmung 16, 22, 31, 39ff, 51,76, 77, 78, 79, 81, 83, 85, 102, 150, 206, 207, 209
- assistierte 39, 40, 214
- kontrollierte 16, 39, 40, 41
- Mund zu Stoma 45
Beatmungsbeutel 31, 42, 44, 51, 89f, 100, 102, 195, 206
Beatmungsgerät 89, 95f
Beatmungskeimfilter 90
Beatmungsmaske 90, 102, 215
Beatmungsschläuche 96
Beatmungsschutztücher 40
Beatmungstypen 39ff
Beatmungsvolumen 39, 43f
Beatmungszeit 96
Beistandspflicht 166f
Beloc 106, 109
Benuron 106
Bergemethode 8f
Bergung 6, 7, 9, 11f, 67, 187, 206
- aus dem Bett 12
- aus einer Bodenlage 9f
- aus einer sitzenden Position 11f
Berotec-Spray 106, 109
Berufsrecht 158
Beurteilung des Kindes 63f, 68, 69f
Beutel-Masken-Beatmung 31, 40f
Bewußtlosigkeit 15f, 32, 45, 82, 123, 132, 137, 140f, 149f, 206
Bewußtsein 14, 16, 19f, 24, 71ff, 76, 123, 127f, 132, 141, 167, 172, 193, 195f, 201, 203
Bewußtseinsveränderung 6, 121, 123, 127, 204, 207
Bewußtseinsverlust 132, 138, 143, 208
Biot-Atmung 125
Blasenkatheter 8, 135
BLS 14, 22
Blutdruck 28f, 131ff, 189f, 201f
Blutdruckabfall 14, 132, 135
Blutdruckmanschette 54
Blutdruckmeßgerät 103
Blutdruckwert 66
Blutzucker 100, 203
Blutzuckermessung 16, 144
Blutzuckerspiegel 139, 189, 204
Bolusgeschehen 25, 128, 215, 219
Bradykardie 135, 142f, 215
Bricanyl 106, 109
Bronchialsysteme 50, 134, 216
Bronchitis 124
Brustschmerz 6
Brustwarze 59, 79
Brustwarzenlinie 84
Buconif 106, 109
Bülau-(Thorax)-drainage 8

## C

C-Griff 30, 43, 215
- doppelter 30, 215
Calcium 106, 109
Cava-Kompressionssyndrom 215
Cheyne-Stokes-Atmung 125
Chloraldurat 106, 109
Circulus vitiosus 131f
CO-Vergiftung 97, 129
$CO_2$-Vergiftung 129
Combituben 50f
Commotio cerebri 122, 215
Cuff 50ff, 102, 215

## D

Dafalgan 106
Datenschutz 165, 170
Defibrillation 7, 16, 31, 59ff, 85, 92f, 206, 214, 216, 219
Defibrillationselektroden 59, 92

Defibrillator 22, 50, 59ff, 88, 93f, 136, 218
- halbautomatischer 22, 61, 93
- konventionelle 59f, 61, 93
Dehydrobenzperidol 106, 109
Depolarisation 59, 215
Desinfektionsmittel 92, 96f, 100
Desinfektionstupfer 54f
Desinfektionswanne 91
Diabetes mellitus 122, 127, 139f, 191, 216
- juveniler 139, 216
- sekundärer 140
Diätfehler 140
Dibondrin 107, 114
Diskretion 170
Doppelbilder 141
Dormicum 106, 110
Drainage 8
Dreier-Ableitung 92
Dreiweghähne 55f, 100, 103
Droperidol 106, 109
Druckfrequenz 47
Druckpunkt 46
Drucktiefe 47, 84
Dyspnoe 121, 125, 136, 147, 215

## E

Ebrantil 106, 110
Ein-Helfer-Methode 47
Einthofen-Ableitung 92
Effortil 106, 108
EKG 16, 30f, 50, 85, 92, 214, 216f
EKG-Monitor 89, 92f
Emphysem 129, 216
Endotrachealtubus 50f, 100, 102
Enelfa 106
Engegefühl 135
Entzündung 121, 124, 127, 138, 216
Enzephalitis 145
Epanutin 106, 110
Epiglottitis 123, 128, 147, 216
Epilepsie 6, 127, 138, 216
Ersthelfer 13, 42, 206
Ertrinken 13, 127ff
Ethik 153, 178ff
Euphyllin 106, 110

Exspirium 125, 148

## F

Fahrlässigkeit 156f, 160, 162f, 167, 172f
Fallbeispiele 185f
Fenistil 107, 114
Fentanyl 106, 110
Fieber 129, 144f, 192, 205
Fieberkrämpfe 145
Flascheninhalt 95
Flüssigkeitsverlust 133
Foetor ex ore 150, 216
Freistellung 163
Fremdanamnese 13, 28f, 49, 197, 204, 208, 214
Fremdkörper 53, 74f, 124, 128, 136, 146, 199, 209, 215f
Fremdkörperaspiration 51, 123f, 144, 209, 216
Fremdverschulden 150
Frühdefibrillation 22,61

## G

Geburt 37, 65, 81
Gefäßanomalie 138
Gefäßsystem 54
Gefäßverschluß 137
Gefahrenbereich 3, 6, 10
Gefahrenzone 7f
Geheimhaltung 170
Gehirn 46, 129
Gelegenheitskrämpfe 145
Gilurytmal 106, 110
Gleichgewichtsorgan 122
Glucose 107, 115
Glukoneogenese 119f, 216
Glukosehaushalt 139
Guedel-Tubus 44, 49, 102

## H

Haemaccel 107, 115
Hämoglucotest 103

Haftung 155f, 160f, 170f
- vertragliche 161, 168
- aus unerlaubter Handlung 161
Halbseitenlähmung 137
Halbseitenschwäche 137
Halsvenen 136
Hausnotrufnummer 15
Hebamme 81, 158, 167
Hechelatmung 40, 216
Heilbehandlung 158, 169
Heimlich-Handgriff 25f, 76
Hemohes 107, 11
Herzalarm 14f, 24, 29ff, 89, 206, 209
Herzalarmteam 61, 192, 195f
Herzdruckmassage 16, 44, 46f, 52, 60, 68
- beim Kind 79, 81
Herzfrequenz 66, 79, 119f, 131, 217
Herzinfarkt 127, 129
Herz-Lungen-Wiederbelebung 31
Hilfeleistung 45, 156f, 160, 164, 167f, 202
Hilferuf 6, 13, 24, 73, 206, 208
Hilfsmaßnahmen 17f, 49, 166f
Hirntrauma 138
Hirntumor 138
Hitzetraumen 149
Hochschwangere 37
Home-Monitoring 143
Husten 121, 124f, 136, 146f, 192, 205
Hustentyp 14
Hypertonie 122, 137f, 203
Hyperventilation 39, 122, 129, 216
Hypnomidate 106, 110
Hypoglykämie 140f, 144, 204
Hypokalziämie 144
Hypomagnesiämie 144
Hyponatriämie 144
Hypotonie 122, 137, 203
Hypoxie 126, 131, 216
Hysterien 127

## I

iatrogen 6, 14, 32, 216
Infekt 140, 145
Infektionsgefahr 7, 55
Infektionskrankheit 90, 145f
Infrarotdetektor 97
Infrarotmessung 97
Infusion 8, 54ff, 86, 101, 103, 106f, 115, 158
Infusionsleitung 55
Infusionslösung 16, 58, 103
Innenohr 122, 217
Insektenstich 128, 136
Insulinrezeptor 139
Insulinsekretion 139
Insulinüberdosierung 140
Insult 137
- zerebraler 6
Interkostalraum 216
Intubation 16, 23, 31, 50ff, 85, 148, 150, 206ff, 219
Intubations-Set 102
Isohes 107, 115
Isoptin 106, 111

## J

Joule 59, 93, 216
Joulezahl 94

## K

Kalziumantagonismus 111
Kammerflimmern 50, 59ff, 93, 216
Kammertachykardie, pulslos 59, 93
Kanüle 45, 54f, 57
Kanülenträger 45
Karotispuls 15, 217
Kehlkopf 26f, 52, 123, 217, 219
Kehlkopfverletzung 128
Kernikterus 144, 217
Ketalar 106, 111
Ketanest 106
Kind 42, 59, 63ff, 102ff, 127f, 142ff, 179, 192, 205f
Kindstod 142
Klebeelektrode 59, 92
Kleinkinder 40f, 54, 65ff
klonische Phase 138
Koma 16, 123, 126, 140
Kopfschmerzen 122, 137

Körperverletzung155, 157f, 160f, 174, 176
Krämpfe 144ff, 208
- Fieber 145
- im Kindesalter 145
- Neugeborenen 144
- tonische 141
Kreislaufstillstand 7, 16, 27, 31, 41, 46, 73, 84, 180f, 206, 217, 219
Kreislaufstillstand
- primärer 129, 217
- sekundärer 217
Kreislaufstörung 127
Krikoiddruck 52, 127
Kussmaul-Atmung 126

L

Ladekondensator 94
L-Adrenalin 106, 111
Lagerung nach Rautek 32
Lagerungen 16, 36f
Lagerungstypen 32f
Lähmung 11, 137
Langerhans Zellen 139
Laryngoskop 50ff, 99f, 217
Lasix 106, 111
Leitsymptome 117f, 125, 187
Leitung 28, 52, 91
- i.v. 133, 148, 150
- peripher 55
- zentrale 54
Lidocorit 106, 111
Lipolyse 119, 218
Lokalanästhesie 56
Lokalanasthetikum 55, 58, 218
Lopresor 106
Luftbefeuchtung 147
Lungenarterie 136, 216f
Lungenbelüftung 129
Lungenbläschen 216
Lungenembolie 121, 129, 133, 136f, 218
Lungenentzündung 129
Lungenkreislauf 36, 129, 217
Lungenödem 36, 129, 217
Lungenvene 217
Lungenvolumen 125
Lysthenon 106, 112

M

Magen 10, 120, 131
Magenblähung 42f, 83
Magenentleerung 151
Mageninhalt 42, 67, 219
Magensonde 103
Magill-Zange 51, 53, 74, 100, 102, 209
Mandrin 51f, 100
Manometer 91
Maßnahmen für Einzelsituationen 28f, 82f
Medulla oblongata 143, 217
Meningitis 127, 144f
Meningoenzephalitis 125
Mexalen 106, 112
Migräne 122
Mikrothromben 131
Minderdurchblutung 36, 122, 131, 137
Modus, asynchroner 59, 93, 214, 216
- synchroner 219
Monitoring 60, 142f, 217
Monitorkontrolle 60
Morbus Menière 122, 217
Morphin Merck 107
Mukoviszidose 124, 217
Mullbinde 51, 53, 100
Mundhöhle 24f, 74f, 128, 139, 199, 207
Muskeltonus, schlaffer 142f
Myokardinfarkt 6, 121, 133, 135

N

Nachschlaf 139
Nadel 55, 57, 100
- intraossär 103, 218
Nahtmaterial 56
Narcanti 106, 112
Nasopharyngeltubus 44
Natriumbicarbonat 107, 115
Natriumchlorid 106, 112
Neostigmin 107, 113
Nervensystem 119, 217
Neugeborene 54, 65f
Nierenkolik 122
Nitrolingual 107, 112
Notarzt 14, 161, 164, 204

Notarztindikation 45, 133, 135, 137, 139f, 148f, 204
Notarztruf 82
Notfallablauf 1ff
- ausführlicher 4f
- beim Kind 63f
- Schwerpunkte 3f
Notfallausstattung 99f
Notfalldiagnose
- Atemstillstand 83
- Bewußtlosigkeit 82
- Kreislaufstillstand 27, 84
Notfälle 18, 68, 100, 117f, 155f, 164f, 176
- kardiale 135
- klinische 127, 131f, 142f
- neurologische 137
- stoffwechselbedingte 139
Notfallgeräte 87ff
Notfallkoffer 14, 28f, 87, 99, 133, 202f, 208f
Notfallmanagement 6, 89
Notfallmedikamente 54, 56ff, 86, 105ff
Notfallmedizin 50, 64, 152, 178f
Notfall-Set 102
Notfallsituation 3, 6f, 13, 67, 89, 119, 137, 172
Notfallwagen 89, 99
Notruf 13f, 29f, 68
Notrufmöglichkeiten 13
Notrufzentrale 15
Noxen 217
Nubain 107, 112

## O

Organisationsverschulden 162
Obstruktion 125, 218
Ohrclip 97
Oropharyngealtubus 44

## P

Paddels 59, 92f
Pads 59, 92f
Pädiatrie 65
Parasympathikus 119f
Patientenbeurteilung 3, 11, 13, 14, 17f, 140, 150, 187, 190, 193, 195, 199, 204, 206
Peepventil 102, 218
Pendelatmung 128, 214, 218
Pentothal 107
Pertussis 124, 218
Pharyngealtubus 44, 51
Phase, klonische 138
- tonische 138
PKW 11
Pneumonie 42, 124, 218
Pneumothorax 128, 218f
Präkordialer Faustschlag 16, 50, 218
Prodromalerscheinung 145, 218
Prostigmin 107, 113
Prüfen der Atmung 14, 24, 74
- des Bewußtseins 14, 24, 73
- des Kreislaufes 14, 26, 78, 207
Pseudokrupp 123, 128, 147, 205
Psychosen 127
Pulmicort 107, 113
Pulsfrequenz 14, 97, 132, 215, 219
Pulsoxymeter 97, 89, 217
Punktionsset 55f
Punktionsstelle 55f
Pupillen 120, 196
Pupillenerweiterung 119
Pupillenreaktion 27, 132, 138

## R

Raumforderung 127
Rautekgriff 9f, 206
Reanimation 39, 46, 65, 68, 73, 78ff, 142, 150, 158, 178ff, 206
- kardiopulmonale 27, 31, 42, 46, 80
Reanimationsablauf 22
Reanimationsbrett 7, 12, 30 ,31
Reanimationsmaßnahmen 12, 31, 47f, 63, 85, 178, 180f
Recapping 218
Rechtssprechung 155f
- Deutschland 160f
- Österreich 155f
- Schweiz 166f
Redonflasche 8
Regurgitation 42, 219

Reiz 24, 73, 136, 148
Reizhusten 124
Restriktion 125
Rhythmusstörung 50, 133, 135
Ringer-Lactat 107, 115
Rippenserienfraktur 40, 214, 218
Rückgriff 163

## S

Säugling 54, 65f, 77, 102, 143, 146, 149
Sauerstoff 43, 51, 85
Sauerstoffanteil 43
Sauerstoffanreicherung 45
Sauerstoffbindung 97
Sauerstoffdefizit 68
Sauerstoffdruck 95
Sauerstoffdusche 39
Sauerstoffeinheit, mobile 100
Sauerstoffflasche 6, 95f
Sauerstoffgabe 14, 22, 28ff, 39, 82, 133ff, 214
Sauerstoffmangel 127
Sauerstoffreservoir 30, 39, 90
Sauerstoffsättigung 97, 216
Sauerstoffschlauch 43
Sauerstoffzufuhr 44
Schaden 155f, 160f, 170f
Schadensersatz 155, 160f, 169
Schlagvolumen 36
Schmerz 121f, 135, 149, 155, 179, 193, 206
Schmerzempfindung 121
Schmerzensgeld 160f
Schmerzreiz 24, 73, 123, 195, 207
Schnappatmung 126
Schock 6, 55, 61, 127, 129, 131f, 136, 149
- anaphylaktischer 131, 134
- hypovolämischer 133, 149
- kardiogener 121, 134
- spinaler 134
Schockformen 133f
Schockindex 132
Schocklagerung 36, 134
Schockzeichen 132, 149
Schrittmacher 60
Schrittmacherausfall 129
Schweigepflicht 165, 170
Schwindel 122f
Seitenlage 29, 32ff, 45, 74
Seitenlagerung 22, 139, 204, 208, 210
- des Kindes 67
Selbstschutz 7, 40, 150
Sellick'scher Handgriff 52, 219
Serienrippentrümmerbruch 128
Sevredol 107
SIDS 142, 143f
Silikonspray 51
Sinusknoten 59
Skalpell 55
Sofortmaßnahmen 12, 14, 71f, 137, 141
Solu-Dacortin H 107, 113
Solu Decortin H 107
Somnolenz 14, 123
Sopor 14, 123
Sprache, kloßige 147
Sprachstörungen 137, 203f
Stablampe 99
Stationsarzt 14
Status epilepticus 139
Stauband 55
Stauschlauch 54f, 103
Strafrecht 156f, 160, 164f, 170, 174f
Stechelektrode 92
Stenose 123f, 219
Sterilisation 90, 96
Sterilität 56
Stesolid 107, 113
Stethoskop 51f, 103
Stoffwechsel 131, 142
Stoffwechselentgleisung 6, 122
Stoffwechselstörung 122, 127, 144f
Strafrecht 156f, 160, 164f, 170, 174f
Strangulation 127f
Stridor 14, 123ff, 147
- congenitus 123
- expiratorischer 134, 136, 146f
- inspiratorischer 123, 146f
Stromunfall 129
Stuhlabgang 138, 145
Subarachniodalblutung 122
Subklaviakatheter 8, 100
sudden infant death syndrome (SIDS) 142, 143
Suprarenin 107, 113
Sympathikus 119f, 131
Symptomerfassung 13f, 49

## T


Tachykardie 122, 135f, 140, 190, 210, 219
Tachypnoe 125, 136, 219
Tavegyl 107, 114
Thiopental 107, 114
Thorax 123, 124, 218
Thoraxdeformierung 125
Thoraxdrainage 8
Thoraxröntgen 56
Thoraxschmerzen 136
Thyreotoxikose 140
TIA 137f
Tonsillenhyperplasie 123
Tötung 160, 164, 176
Trachea 50f, 219
Trachealkanülenträger 45
Tracheostoma 45, 219
transitorisch-ischämische Attacke 137f
Tropfkammer 58
Tubenfixation 53, 100
Tubus 44, 51ff, 215
Tubusgröße 50


## U


Überblähung 76
Übernahmeverschulden 162, 165
Unterkühlung 127, 129
Utstein-Kriterien 180f


## V


Valium 107, 114
V. cava 37, 215
V. femoralis 55
V. jugularis 55
V. subclavia 55
Vagusreiz, maximaler 129, 219
Vendal 107, 114
Venendruck 55
Ventil 42, 52, 90f, 91
Ventilmechanismus 76, 219
Venturi-Maske 3f
Verantwortlichkeit 164, 166, 168, 174f
- vermögensrechtliche 166, 168f
Verbrennung 133, 149
Verbrennungsstation 92
Verbrühung 149
Verdachtsdiagnose 13
Vergiftung 97, 122, 124, 126f, 129, 132, 140, 150f
Vergiftungszentrale 150f
Verschulden 156f, 160, 164, 170, 172f
Verschüttung 128
Vertragsverletzung 170, 171f
Verweilkanüle 8, 54f
Vierer-Ableitung 92
Volumenmangelschock 133
Vorsatz 156, 160, 163, 167


## W


Wegschleifen 8f, 210
Wendl-Tubus 22, 44, 98, 102
Wirbelsäulenverletzung 9, 11, 25, 32, 67, 135
Wissensüberprüfung 185f


## X


Xylocain 106
Xyphoid 219


## Z


Zeigefinger 25, 43, 215, 217
Zentralvenenkatheter 103
Zivilrecht 155, 160f, 168
Zugang, intraossärer 85
- i.v. 23, 54f
- venöser 16, 204, 206, 210
- zentraler 55
Zungenbiß 138, 145, 208
Zwei-Helfer-Methode 47
Zweit-Helfer 13, 206
Zyanose 13, 40, 42, 46, 121, 142f, 146